国家自然科学基金项目（71562021）成果

新生代员工工作价值观研究

A STUDY ON THE WORK VALUES OF THE NEW GENERATION EMPLOYEES

侯烜方 著

经济管理出版社
ECONOMY & MANAGEMENT PUBLISHING HOUSE

图书在版编目（CIP）数据

新生代员工工作价值观研究/侯烜方著. —北京：经济管理出版社，2018.10
ISBN 978-7-5096-6001-0

Ⅰ.①新… Ⅱ.①侯… Ⅲ.①企业管理—人事管理 Ⅳ.①F272.92

中国版本图书馆CIP数据核字（2018）第206286号

组稿编辑：王格格
责任编辑：王格格
责任印制：黄章平
责任校对：赵天宇

出版发行：经济管理出版社
　　　　　（北京市海淀区北蜂窝8号中雅大厦A座11层　100038）
网　　址：www.E-mp.com.cn
电　　话：（010）51915602
印　　刷：北京玺诚印务有限公司
经　　销：新华书店
开　　本：720mm×1000mm/16
印　　张：13.5
字　　数：201千字
版　　次：2018年10月第1版　2018年10月第1次印刷
书　　号：ISBN 978-7-5096-6001-0
定　　价：69.00元

·版权所有　翻印必究·
凡购本社图书，如有印装错误，由本社读者服务部负责调换。
联系地址：北京阜外月坛北小街2号
电话：（010）68022974　　邮编：100836

前 言
Preface

进入21世纪，我国劳动力市场发生了悄然变化，新生代员工已进入就业高峰期，并逐步成为职场主力军。在可持续、有竞争力的组织管理体系建立在以价值观为基础的管理体系的新时代，如何从新生代员工的工作价值观入手对其实施有效的管理，是新生代员工管理的关键和核心问题，也是研究者和管理者关注的焦点，更是新时代提高组织核心竞争力的必然选择。

然而，我国新生代员工工作价值观的结构因子和内涵特征到底是什么？它与老一代员工的工作价值观有何不同？与西方员工工作价值观又存在哪些差异？如何准确、可信地对新生代工作价值观进行科学测量？在此基础上，如何全面探索个体层次的新生代工作价值观、内在动机对员工绩效的影响效应和路径情况，以及深入分析组织层次上哪些文化内涵可以更好地匹配新生代员工的内在价值导向，进而促进员工实现更高的绩效目标？这些都是探索新生代员工相关问题的题中之义，也是本书最重要的命题。反观目前关于新生代员工工作价值观的理论研究现状，整体上还不成熟，大多数研究仍处于描述性阶段或者是"问题—对策"等研究阶段，更缺乏在组织文化视角下，系统厘清新生代员工工作价值观、内在动机对工作绩效作用机理的规范研究。

为改善以上理论现状，并提供科学的基于工作价值观的新生代员工管理理论支撑，本书通过两个理论视角、五项子研究、五个样本源，运用线上数据和线下数据、质化和量化研究方法，分别对各命题进行科学探析，具体包括以下三个方面：

一是新生代工作价值观结构因子及内涵研究。采用扎根理论和内容分析法分别对网络评论和开放式问卷开展两项质化研究，构建和剖析新生代员工工作价值观的结构因子、内涵特征，并获取新生代员工工作价值观初始量表，最后对两个研究所获结构因子模型、中西方新生代员工以及中国本土的新生代与老一代员工的工作价值观进行了全面深入的对比分析。

二是新生代员工工作价值观量表开发及信效度验证。采用问卷调查法分别对来自不同行业和地区的大样本数据和中度样本数据开展两项量化研究，包括初始量表和修订量表的检验，从而探索开发出具有良好信度和效度的新生代员工工作价值观量表，为开展新生代员工工作价值观的实证研究提供可靠的测量工具。

三是新生代员工工作价值观对工作绩效的影响机理研究。采用多元纵向配对设计开展实证研究，探析基于组织文化调节效应的新生代员工工作价值观、内在动机对工作绩效的作用机理，厘清新生代员工工作价值观对工作绩效（包括角色内和角色外绩效）在个体层次的影响路径，以及在组织层次受到的边界影响效应。

经过全面、系统、深入的规范研究，得出以下三点主要结论：

第一，采用扎根理论构建了新生代员工工作价值观的自我情感、物质环境、革新特征、人际关系四因子结构模型1，以及新生代员工工作价值观、工作偏好对工作行为影响的核心范畴；采用内容分析法得出了新生代员工工作价值观的功利导向、内在偏好、人际和谐、创新导向、长期发展五因子结构模型2，并获得了26个条目的新生代员工工作价值观初始量表。这两个新生代员工工作价值观的结构因子模型，具有高度的类别相似性和内涵共有性，且中西方新生代员工的工作价值观存在部分异同，而中国本土的新生代与老一代员工的工作价值观存在较大差异。

第二，运用大样本数据对新生代员工价值观的初始量表进行探索性因子分析，获得了20个条目的新生代员工工作价值观修订量表，并验证显示了该修订量表具有良好的信度系数。基于中度样本数据，采用验证性因子分析、结构方程模型、相关性分析以及多元回归等统计分析方法，分别验证了该修订量表的结构效度、区分效度、预测效度。从检验结果发现，新生代员工工作价值观具有二阶五因子结构，其修订量表的测量效度指标良好。

第三，采取多元纵向配对设计开展的实证研究，其各项验证数据显示：

在个体层次，新生代员工工作价值观对角色内绩效和角色外绩效具有直接效应，而内在动机在新生代员工工作价值观对角色内绩效和角色外绩效的影响路径中起到部分中介作用；在组织层次，竞争导向和人本主义的组织文化分别对新生代员工工作价值观与角色内绩效和角色外绩效存在显著的调节效应。

在理论意义方面，本书主要丰富了具有情境化特征的工作价值观结构理论和组织行为学领域关于个体工作价值观对工作产出的作用机制理论研究，以及个体层次的动机理论和组织层次的文化理论。在实践意义方面，本书主要为开展新生代工作价值观的相关实证研究提供了准确可靠的测量工具，并为组织实施基于工作价值观的新生代员工管理，进而提升新生代员工绩效水平指明了多层次的管理视角。

目 录
Directory

第一章 绪 论 ……………………………………………………………… 1
  第一节 研究目的 ………………………………………………… 7
  第二节 研究意义和创新探索 …………………………………… 8
  第三节 核心概念的界定 ………………………………………… 12
  第四节 研究内容、方法和技术路线 …………………………… 20

第二章 文献综述和理论基础 …………………………………………… 27
  第一节 文献综述 ………………………………………………… 31
  第二节 理论基础 ………………………………………………… 72

第三章 新生代员工工作价值观的结构模型和内涵研究 ………… 77
  第一节 研究方法 ………………………………………………… 81
  第二节 研究过程与结果 ………………………………………… 84
  第三节 对比分析和述评 ………………………………………… 98

第四章 新生代员工工作价值观的结构测量和信效度检验 ……… 109
  第一节 研究方法 ………………………………………………… 113

1

第二节　研究结果 ·· 118
　　第三节　研究述评 ·· 125

第五章　新生代员工工作价值观对工作绩效的影响机理 ······ 129
　　第一节　研究模型 ·· 133
　　第二节　研究假设 ·· 134
　　第三节　研究方法 ·· 143
　　第四节　研究结果 ·· 147
　　第五节　研究述评 ·· 159

第六章　讨论与总结 ·· 163
　　第一节　研究结论和贡献 ······································ 167
　　第二节　管理的建议 ·· 172
　　第三节　研究局限和展望 ······································ 176

附　录 ·· 179

参考文献 ··· 181

后　记 ·· 207

第一章
绪 论
Chapter I

进入21世纪，我国劳动力市场发生了悄然变化，出生于20世纪80~90年代的新生代员工已进入就业高峰期，并逐步成为职场主力军。与老一代员工不同的是，新生代员工被赋予了独有的新时代特质：独生子女，备受家庭宠爱；时代变革，成长于改革开放年代；社会经济全球化，经历东西方文化的大冲突和大融合（Tapscott，1998）；高等教育改革，具有高学历背景（Lyons，2005）；互联网的快速普及，接触到大量来自不同社会的知识和信息……这样的成长环境使新生代员工形成了鲜明的个性特征：创新意识较强，但工作满意度、忠诚度低（Charu，2011；Meister & Willyerd，2010）；渴望短期回报，但缺乏耐心、不喜欢循规蹈矩的工作（Twenge，Campbell，Hoffman & Lance 2010；Cennamo & Gardner，2008）；具有较高的计算机水平和专业技术能力，但缺乏沟通、倾听的技巧（Smola & Sutton，2002），等等。

与此相对应的是，管理者基本是"60后""70后"人群，他们的管理方式和管理风格也烙上了强烈的时代烙印，代际之间的巨大差异使众多前所未有的管理难题与矛盾涌现出来（Shri，2011），如员工跳槽频繁、工作偏差行为频出，等等（Wang，Chen，Hyde & Hsieh，2010；Ilies，Johnson，Judge & Keeney，2011）。显然，新生代员工管理使企业人力资源管理面临巨大的挑战（Meister & Willyerd，2010）。因此，在可持续、有竞争力的以价值观为基础的管理体系中（Dolan，Garcia & Richley，2007），如何从新生代员工的工作价值观入手对其实施有效的管理，是新生代员工管理的关键和核心问题，也是研究者和管理者关注的焦点，更是新时代提高组织核心竞争力的必然选择。

综观国内外关于新生代的现有研究，主要关注员工的特点与特质。新生代员工成长于信息技术快速发展和经济全球化时代（Bowles，2008）、一个快节奏、不断变化的社会（Hewlet，2009），同时也处于相对稳定的社会结构和社会经济环境之中（Howe & Strauss，2000）。他们拥有良好的适应能力

（Zemke et al.，2000）、信息技术能力（Fields，2006；Wisniewski，2010）、多任务处理能力（Cennamo，2008）、团队合作能力（Alsop，2008），以及较好的自我认知能力（Howe & Strauss，2001）、批判性思考能力（Hollon，2008），其中运用各种技术能力完成多任务是新生代员工区别于其他员工的重要特点（Glass，2007）。不难发现，现有研究还有待深入，还仅停留在对新生代员工的认识阶段，研究零散、不全面，研究结论也存在差异，且大多是对西方新生代员工的认识，还缺乏对中国新生代员工的关注。

显然，新生代员工和老一代员工相比，具有诸多差异，但其中最根本的不同，应该是其工作价值观发生了巨大改变。特别是在物质充裕、信息发达、价值观多元化的社会背景下，他们具有新的工作价值观，才使其有别于老一代而成为"新生代员工"。已有研究表明，新生代员工具有独特的工作价值观：高度成就导向（Zemke et al.，2000）和自我导向（Smola & Sutton，2002）；注重工作意义、乐趣（Dulin，2008；Kupperschmidt，2000；Macky et al.，2008；Smola & Sutton，2002）及工作自主性（Dries et al.，2008；Sargent & Domberger，2007），等等。这些研究尽管勾勒出了新生代员工在工作价值观方面的显著不同，但其研究不具有系统性与完整性。并且，员工的工作价值观会受到特有的文化因素和社会心理因素的影响，是"对情境敏感的"（context-sensitive）构念（张志学，2010；Rousseau & Fried，2001）。

因此，我国新生代员工工作价值观的结构模型和内涵特征到底是什么？它与老一代员工的工作价值观有何不同？与西方员工工作价值观又存在哪些差异？这些问题应该成为探索新生代员工相关问题的题中之义，也是本书首先要解决的重要命题。另外，在组织行为和组织心理学领域，如需全面探析某一构念并对其开展富有理论价值和实践指导意义的实证研究，不仅要深入掌握该构念的结构因子和内涵特征，还需要有准确、可信的测量工具对该构念进行定量分析。从国内外学者开展的工作价值观量表的研究来看，成果颇丰，但仍有不足：

一方面，研究者通常沿用传统的工作价值观量表和结构理论来开展相关探讨，但是工作价值观的结构及测量问题始终没有一致结论（Furnham，Batey，Anand & Manfield，2006）。例如，Manhardt（1972）的由舒适与安全、能力与成长和地位与独立三维度构建的工作价值观结构理论（梁巧转、孟瑶、刘炬、袁博，2012），以及 Super（1980）的由内在价值、外在工作价值和外在报酬三维度构建的工作价值观结构理论，及以此编制的 15 个条目的工作价值量表（WVI）。同时期，Hofstede 的工作价值观结构量表（Hofstede，1980，1991）被众多学者引用，但另有学者质疑该量表的稳定性而选择其他测量工具（Voronov & Singer，2002）。

另一方面，由于成长背景差异以及社会意识形态受到经济全球化、多元化和信息化的影响，以 20 世纪 50~70 年代的员工为样本开发的传统工作价值观量表对新生代员工群体存在适用性问题。同时，原有工作价值观量表的开发及验证大多以西方文化情境为基础，而中国情境下的研究结论成果甚微。中国本土已开展的新生代工作价值观量表研究，也仅以西方成熟量表为基础进行修订或推论，并未对当代中国员工的工作价值观进行开放式探索，如宁维卫（1996）对 Super 的工作价值观量表修订后制作了中文版。此外，样本的获取和研究方法的检验存在局限性，此类研究只是质化地提出了议题（李燕萍、侯烜方，2012），缺乏实证研究的检验。

因此，本书认为，扎根于中国情境下的新生代员工的工作价值观现状，开发探索出新生代工作价值观量表，不仅是方法论的突破，更是开展基于工作价值观的新生代员工管理实践和理论研究的必经路径。然而，组织管理的最终目标是领导员工实现组织既定的战略目标和绩效要求，所以本书开展中国情境下的新生代员工工作价值观研究，目的也是在掌握新生代工作价值观结构内涵和测量工具的基础上，研究探索个体层次的新生代工作价值观对员工绩效的影响效应和路径情况，以及深入分析组织层次上哪些文化内涵可以更好地匹配新生代员工的内在价值导向，进而促进新生代员工实现更高的绩效目标。

已有相关研究表明，工作价值观会影响其工作意愿或目标，进而影响其努力程度与工作行为表现（Locke et al.，1986）；Fishbein（1998）认为，工作价值观会以工作满意度为中介影响工作绩效；内在动机源于人们对自我决定和胜任内生、有机的需要（Deci et al.，1989），取决于其信念和价值观（Rousseau & Fried，2001），并与员工的一系列工作态度和行为显著正相关（Amabile，1996）；组织文化具有强大的生命力和扩张力，是一种作用深远的文化生产力，它能通过影响组织内外不同的利益相关者的态度和行为，间接影响组织绩效，推动组织的成长和发展（卢美月、张文贤，2006）。

可见，学术界已经研究发现工作价值观这种内在思想体系，可以影响员工的工作行为和绩效表现，但缺乏中国新生代员工样本的检验。同时，新生代员工更注重自我感受和内在体验，而内在动机又是受价值观影响的内隐心理要素，我们需要探知新生代员工的价值观与绩效之间的影响路径中是否存在内在动机的中介效应？另外，从文献分析可知，组织文化对员工的价值观、行为、绩效表现都具有推动作用。因此，在中国社会经济面临深入转型，老一代与新生代共处职场舞台的今天，我们更需要准确探析，到底哪类组织文化最能激发中国新生代员工的工作激情，成就更高的工作效能？这些都是目前组织管理领域亟待去研究和解决的问题。

综上，中国的新生代员工是极具中国特色和时代特征的新兴工作群体。管理者也意识到，必须积极面对新生代员工带来的管理实践的挑战和人力资源管理实践的变革。这不仅需要在实践中探索新生代员工的管理方法，尤其重要的是在理论界需要高度重视新生代员工的工作价值观及其相关问题研究，以更好地指导管理实践活动。反观目前关于新生代员工的工作价值观理论研究现状，不仅研究成果数量少，且质量不高，大多数研究还仍处于描述性阶段或者是"问题—对策"等初步研究阶段。因此，深入系统地研究中国新生代员工的工作价值观及其相关问题是当下紧迫且具有重要意义的命题。

第一章 绪 论

第一节 研究目的

结合已有理论现状和管理实践，本书认为，在中国情境下探析新生代员工工作价值观的结构因子、内涵特征、测量工具及其与内在动机、组织文化、工作绩效的作用机理，是建立以价值观为基础的管理体系的前提，也是新生代员工管理的关键和核心问题。因此，本书的主要目的包括以下三个方面：

第一，构建与剖析新生代员工工作价值观结构模型和内涵特征。本书构建新生代员工工作价值观的结构模型，深入剖析新生代员工工作价值观的内涵特征，为准确掌握新生代工作价值观现状和开发探索新生代工作价值观量表提供理论基础。20世纪80~90年代以来，中国的经济、社会、民生等各方面都经历着不断推进和转型的过程，这也导致了新生代员工所处的社会背景和成长环境都发生着巨大变化。因此，作为受情境化因素影响的内隐心理要素——工作价值观，势必在这种时代背景下发生改变。本书的首要目的，就是全面剖析新生代工作价值观的结构因子和内涵特征，研究对比分析新生代与老一代、国内与国外新生代员工之间的工作价值观异同，从而为新生代员工管理实践和工作价值观理论研究提供基础。

第二，开发新生代员工工作价值观量表。本书探索开发具有良好信度和效度的新生代员工工作价值观量表，为开展新生代工作价值观的实证研究提供可靠的测量工具。已有的工作价值观量表多以国外情境为研究背景，且年代久远，而中国学术界已开展的工作价值观量表开发研究，一般也只是在国外成熟工作价值观量表的基础上加以修订，因此，开发出符合中国情境的新生代员工的工作价值观量表显得尤为迫切。本书认为，为了真实全面掌握和探索开发中国新生代工作价值观的结构内涵和测量工具，必须扎根于不同主体对新生代工作价值观的看法和评价，从而获得符合构念本质的数据源，再严格按照定性和定量的研究方法和路径，最终开发出新生代工作价值观量表。

第三，探析新生代员工工作价值观对工作绩效的影响机制。本书探析基于组织文化调节效应的新生代员工工作价值观、内在动机对工作绩效的作用机理，厘清新生代员工的工作价值观对工作绩效在个体层次的影响路径，以及在组织层次受到的影响效应，为科学管理新生代员工，最终塑造良好的组织文化和实现高绩效组织目标提供管理视角。组织管理的首要任务就是完成组织既定绩效目标，而个体的工作绩效是实现组织绩效目标的基石，关注新生代员工的工作价值观，探析新生代工作价值观与工作绩效的影响关系，分别验证内在动机和组织文化对新生代工作价值观与工作绩效的中介效应和调节效应，无疑能够对建立基于工作价值观的新生代员工管理策略带来更加扎实的理论基础和更加立体的研究思路。

第二节 研究意义和创新探索

一、研究意义

(一) 理论意义

本书的理论意义主要包括以下几点：

第一，新生代工作价值观的结构探索和内涵分析是一项情境化的研究，具有重要的理论价值。国内外对工作价值观已有的研究集中在 20 世纪 60~70 年代，其对象是"X 代"（generation X），尽管后来有部分修订（Zytowski, 2006），但这些价值观模型对处于"Y 代"（generation Y）的新生代员工则有诸多的不适，而未来的几十年将是新生代员工占据劳动力市场的黄金时期。本书全面探析新生代工作价值观的结构因子和内涵特征，可以充分展示新生代工作价值观的结构因子模型，深入掌握新生代员工特有的工作价值观内涵，并对比得出新生代与老一代员工、中国新生代与国外员工在工作价值观的异同。因此，这项中国本土的探索性研究，具有非常重要的情境化理论意义。

第二，探索开发新生代工作价值观量表并实证检验其信度和效度，这不仅可以丰富工作价值观理论，还可以为开展工作价值观领域的实证研究，提供准确可靠的测量工具。工作价值观是受情境化因素影响的一种内在价值导向，不同年代和地域的员工工作价值观显然存在差异，沿用以往国外的工作价值观量表来测量中国新生代员工的工作价值观，必然面临着适用性问题。可见，开发出具有良好信度和效度的中国新生代员工工作价值观量表，对于新生代员工的管理理论研究和工作价值观相关实证研究具有不可或缺的理论意义。

第三，探明新生代工作价值观对工作绩效是否存在直接影响，以及内在动机和组织文化是否分别在该影响路径上存在中介效应和调节效应，不仅可以丰富组织行为学领域关于个体工作价值观对工作产出的作用机制理论研究，也可以丰富个体层次的动机理论和组织层次的文化理论。具体而言，开展新生代工作价值观对工作绩效的影响路径研究，可以验证新生代员工特有的工作价值观是否给个体绩效带来直接影响，其效能是正向还是负向，这都将弥补理论界在该领域的不足。同时，由于内在动机在个体中的心理构面应该比工作价值观更加靠前，所以验证内在动机在个体价值观对绩效的影响路径中是否存在中介效应，可以更完整地诠释这个影响过程的作用机制，这也可以验证自我观念里显著部分的那些价值观是否可以影响个人感知和情形解释，以及动机理论在透析个体动机对产出存在内生效能所具有的理论价值。此外，组织文化如果在新生代工作价值观对工作绩效产生调节作用，可以纵向扩大理论界关于价值观领域的研究，也可以为构建组织层次的文化理论提供更多符合时代意义的理论支撑。

（二）实践意义

本书的实践意义，主要体现为促进建立基于工作价值观的新生代员工管理体系，具体包括以下几个方面：

首先，为掌握新生代员工的工作价值观内涵现状提供支撑。任何组织开展基于工作价值观的新生代员工管理实践，首先要解决的问题就是新生代员工的工作价值观到底是什么。在组织管理实践中，管理者往往习惯运用以往的价值观标准去评判新生代员工，并因为新生代员工独具特色的行为特征所折射的价值观内涵而倍感困惑。本书深入剖析新生代员工工作价值观结构，全面展示中国情境下的新生代员工的工作动机和偏好，这有助于管理者理解新生代员工工作价值观结构内涵，并根据新生代员工的工作价值观来制定管理战略和政策，从而真正实现基于员工工作价值观的管理。

其次，为测量新生代员工的工作价值观提供技术保障。新生代员工管理，不仅需要探明他们内在的价值导向，还应采用科学有效的测量工具对其准确测量。本书运用质化和量化相结合的研究方法，共同探索开发新生代工作价值观量表，并实证检验该量表的信度和效度，这无疑对开展基于工作价值观的新生代员工管理实践提供了技术保障，尤其为探明新生代与老一代工作价值观的代际差异，从而为更好地实施差异化管理策略带来科学的判定标准。新生代与老一代员工的工作价值观存在显著差异，这对组织的管理战略和政策提出了严峻的挑战，组织必须更加注重根据新生代工作价值观来调整不合时宜的管理政策和管理方式，这样才能适应新形势下的新生代管理。

最后，为组织提高新生代员工绩效水平指明管理路径。本书不仅实证检验新生代工作价值观对工作绩效的直接影响效应，还分别验证内在动机和组织文化对该影响过程的中介效应和调节效应。随着中国社会主义市场经济不断深入，企业竞争日趋加剧，如何实现长期、稳定、持续的绩效目标，成为所有企业都必须面临的问题。如果本书的实证研究假设得到检验，这无疑为组织管理者如何提高新生代员工的绩效水平提供决策方向，尤其为制定基于内在价值导向、个体兴趣和胜任感的新生代员工管理策略，以及塑造更具人性化和竞争力的组织文化，提供了多层次管理视角。

二、创新探索

在中国情境下探析新生代员工工作价值观结构因子、内涵特征、测量工具及其与内在动机、组织文化、工作绩效的作用机理，是建立以价值观为基础的管理体系的前提，也是新生代员工管理的关键和核心问题。因此，本书的主要创新探索包括三个方面：

第一，本书运用扎根理论和内容分析两种质化研究方法，全面探析新生代工作价值观的结构因子和内涵特征，不仅实现了方法论上的拓展创新，更重要的是在理论上获得了更多有价值的发现。

国内当前对新生代员工的相关研究多为抽象、描述性分析，尤其是运用规范、科学方法对新生代工作价值观的研究鲜有探索。一方面，本书运用扎根理论，以互联网主流门户网站为样本渠道，广泛收集了不同主体对新生代员工的工作价值观的评价，并最终获得了由自我情感、物质环境、革新特征和人际关系四因子构建的新生代工作价值观因子结构模型1。另一方面,采用内容分析法,以企业新生代员工对工作价值观的开放式问卷评价为样本数据来源,最终获得由功利导向、内在偏好、人际和谐、创新导向和长期发展五因子构建的新生代工作价值观因子结构模型2。从两个模型来看,结构因子和内涵特征具有高度的匹配度,这为解释新生代和老一代员工、中国员工与国外员工的工作价值观异同带来了全新的、准确的理论视角。

第二,本书通过对新生代工作价值观的结构测量研究,最终开发出五个因子、20个条目的具有良好信效度的新生代工作价值观量表,这为开展中国新生代员工的工作价值观研究建立了新基点。

由于文化的差异,西方工作价值观在我国面临"水土不服"的尴尬境地,且已有的工作价值观量表适应于老一代员工,而对新生代群体存在适应性问题。本书有针对性地选择了多行业、跨区域的企业作为研究样本来源,采用质化和量化相结合的研究方法,成功开发出新生代工作价值观量表,这为构建中国情境化理论做出了重要的尝试。从新生代工作价值观初始量表的获取和探索分析,再到新生代工作价值观修订量表的形成和信效度检验,不论是方法的运用、样本的甄选,还是研究的视角都符合国际前沿。

第三,本书不仅实证检验新生代员工个体层次的工作价值观、内在动机对工作绩效的作用机理问题,还验证组织层次的文化因素对该机理过程的影响效应,这对于价值观理论、动机理论和绩效管理理论都是全新的整合和延伸。

新生代员工与老一代员工的最大差别之一体现在价值观和动机导向方面,以及由此衍生的工作行为(如角色内和角色外行为),进而导致不确定性工作绩效。本书运用纵向、多元的研究设计,实证检验新生代工作价值观对工作绩效的直接效应,以及内在动机和组织文化分别对该效应的中介和调节影响。研究结论反映出新生代员工追求利益回报、强调工作本身与自我兴趣的匹配、注重和谐的人际关系和期待职业生涯的长期发展等工作价值观导向和内在动机,都将促进实现组织所希望获取的工作绩效。尤其是在竞争导向和人本主义的组织文化中,新生代员工的工作价值观都会受到强化,进而分别增进其角色内和角色外绩效的实现。因此,对新生代员工的个体内在因素,以及面临的组织因素进行机制研究和理论整合,不仅具有理论创新性,也为开展基于工作价值观的新生代员工绩效管理指明了方向。

第三节 核心概念的界定

一、新生代员工工作价值观

新生代员工是新兴工作群体，国内外对这一群体的研究处于起步阶段，学术界对这一群体的认识尚未达成一致。Weiss（2003）研究认为出生在1977~1994年的劳动群体，和其他时期的员工在工作态度和工作行为上有着明显区别，并将其定义为"Y代"（generation Y），由此展开对此类群体的研究。Twenge（2010）研究发现"Y代"的独立自主性更强，更倾向于做自己觉得有意义的事情和有用的事情。同时，国外还将新生代定义为"千禧一代"（millennial generation）、"网络一代"（net generation）、"新生代"（new generation），等等。国内对于"新生代"的定义来源于国务院文件中"新生代农民工"的使用，并将新生代员工定义为20世纪80~90年代后出生并已进入职场工作的群体（李燕萍、侯烜方，2012）。自此，新生代员工逐渐被学者们所接受，相较于"千禧一代""网络一代""新世代""新新人类"等，成为主流定义名词。

工作的意义，也在近几个世纪内不断地发生变化。源于16世纪的新教工作伦理描述到勤奋工作、敬业、节俭以及毅力都是在取悦上帝，同时也是自我救赎的必要（Steiner & Steiner，2000）。随着时代的发展，新教工作伦理从刚开始对伦理特征和商业伦理方面的描述，逐渐演变为工作信念体系以及工作价值观方面的内涵（Smola & Sutton，2002）。

工作价值观的研究，源于人们对价值观概念的讨论。Super（1973）认为，价值观来源于需求，比兴趣更加具有一般性。大多数的价值观理论研究者认为，价值观是一种选择目标或者指导行为（England，1967；Meglino，Ravlin & Adkins，1989；Dose，1997），以及长期保持稳定的一种标准和准则（Kilmann，1981；Schwartz & Bilsky，1987），并或多或少地认为价值观随着文化、社会和个性的变化发展。England（1967）认为个人价值观体系随着工作环境的变化而发展，同时将其视为塑造和影响个人行为的相对稳定的感知体系。有学者将工作价值观设想为能够理解个体在工作中的行为的意识形态或哲学（England, 1967; England, Dhingra & Agarwal, 1974），也是价值观在工作场所的表现（Lyons, Higgins & Duxbury, 2010）。

在概念层面，有学者认为工作价值观是个体在工作抉择上愿意考虑的工作类型和工作环境的偏好（Dawis, 1971; Super, 1973; Pryor, 1981），也是一种道德伦理体系（Dose, 1997）。有些学者对工作价值观进行狭隘的描述，认为工作价值观是个体在工作场所中获取某种事物的期望以及如何实现这种期望的工作态度（George & Jones, 1999）。然而，如今的工作场所已经不是单独存在，现代员工的工作需要制定决策、解决问题、排除故障和管理；可能没有明确的解决方案，取而代之的是需要考虑多种情况而做出的最优化选择（Smola & Sutton, 2002）。

由此，学者普遍认为工作价值观（work values）是个体关于工作的原则、伦理、信念的认知（Robbins, 2002），是一种直接影响行为的内在思想体系（Elizur, 1984），也是员工在工作中期望获得的满意产出（Brown, 2002）。它应该被视为员工明辨是非及确定偏好时采用的工作相关标准（Dose, 1997），是寻求获得不止一种行为或职业需求的满足。另有研究者认为，工作价值观是各种社会理想地认为应该去做的工作行为模式的偏好，是在所有工作环境中可以展示的普世导向（Meglino et al., 1989, 1991; Ravlin & Meglino, 1987, 1989）。

可见，工作价值观的定义主要分为需求取向和判断标准取向两种观点。具体而言，秉持需求取向观点的学者认为工作价值观是个体内在需要及其从事活动时追求的工作特质，是个体试图得到的一个目标、一种心理状态、一种关系或者物质条件（Super, 1990; Brown, 2002），也是对工作特定结果渴望的信念（Hattrup, Mueller & Joens, 2007）；秉持判断标准取向观点的学者认为工作价值观是指导员工工作选择和工作行为的准则，是影响行为的内在思想体系，它既影响员工对自身主体的定位，也影响员工对工作客体的要求（Braham & Elizur, 1999）。人们因为有价值观从而形成偏好，又因为持久的偏好导致意图和行为的产生（Schwartz, 1992）。

综合以上各种工作价值观内涵和定义，本书认为新生代员工工作价值观指 20 世纪 80~90 年代后出生的工作者关于工作的原则、伦理、信念的认知，是新生代员工明辨是非及确定偏好时采用的工作相关标准。

二、内在动机

动机是个体行为的驱动力，根据个体行为刺激物的归因不同，学者将动机分为内在动机和外在动机，其中，工作本身的内在价值就是工作的内在动机。Woodworth认为，内在动机通常具有自我激励性质的特点（张剑，2003）。自20世纪50年代，国外已有学者开展了内在动机的研究，其中White（1959）提出的效能动机成为内在动机重要的理论定义基础。效能动机是指个人倾向于有胜任感的工作完成后，受到挑战与控制导向影响的动机一般会产生持久性而具有竞争力的特质。

20世纪60年代，Berlyne提出了情境化内在动机，是指人们通常有内源性的探索和满足好奇心的欲望，并在探索过程中获得愉悦和享受，满足好奇心。Hunt（1961，1965）是最早使用内在动机概念的理论家，他提出了控制环境的实践活动是内在动机对行为的一种影响因素。Izard（1977）认为，兴趣是内在动机的一个重要促进因素，这种兴趣的指引和促进是对探索个人行为环境的一种鼓励。Poonam（1997）通过对已有理论的总结得出了内在动机的三个含义，认为个体参与活动或工作是出于贡献的意愿（Mills，1991）和满足自己的求知欲（Deci，1975；Gottfried，1983；Wbolfolk，1990），以及追求一种完成和参与的感觉（Bates，1979；Deeietal，1991）。可见，内在动机源于人们对自我决定和胜任感的内生、有机需要（Deci & Ryan，1990），即如果个体从事工作是由于本身意愿，对工作本身具有强烈兴趣，为了追求工作中的愉悦感、乐趣、自发的满意感、好奇心的满足以及挑战，此时个体能够充分发挥自身的主观能动性来进行工作。

内在动机在心理学和教育学的研究已经有很长的时间，随着组织行为学与科学管理理论的不断发展，出现了简单概念的泛化趋势。因此，有必要对内在动机的相近概念进行澄清和界定说明，比如内在动机与内在价值观、内在动机与内在激励、内在动机与内在满意度之间的异同。

内在动机与内在价值观。个体对工作的内在价值观是追求工作的价值、成长、好奇的因素，在内容方面与内在动机具有较高的一致性，但工作价值观表达的是员工的工作行为和对取得了一定工作成效的工作环境的价值判断，是一个直接影响到员工工作行为的思想体系（Elizur，1984）。内在价值观存在于一个稳定的状态，而内在动机兼有特质化和情境性，员工的内在价值观通过工作动机影响其工作行为。

内在动机与内在激励。内在动机与内在激励英译为"intrinsic motivation"与"internal motivation"，国内学者通常混淆两者的概念，或不谈内在动机只谈内在激励（章凯，2003）。内在动机是一种内源性的个人状态，工作的内在动机依赖于员工的经验、喜好和对工作环境的看法。它的存在不依赖于各种管理策略的实施，员工的工作环境、领导实施的管理策略和管理方式只会减弱或促进对工作的内在动机。而内在激励是领导具有的管理职能以及可以实施的管理行为，通常以工作动机为作用基础，改变员工的知识水平或倾斜以及内在心理，激发员工的工作积极性，具有自发的、隐含的动态特性。内在动机和内在激励的根本区别在于，前者是关注有关工作的胜任和内容的乐趣；而后者不仅注重结果，还包括义务、责任等员工的认知影响因素，与内在动机的作用基础相比，内在激励更加宽泛，更接近于 Deci 和 Ryan（2000）表达的自主性动机概念。

内在动机与工作的内在满意度。工作满意度在管理领域长期受到关注。美国明尼苏达州的满意度问卷（minnesota satisfaction questionnaire）将工作满意度分为两个维度，分别为内在和外在工作满意度。内在动机和工作满意度的共同点是两者都以工作本身为关注对象，其中工作满意度主要关注工作本身反映的能力、责任、效能以及提供工作机会；而内在动机关注的重点是工作的乐趣。工作满意度是员工通过对工作满足自身需求程度的认知和评价，从而产生的情感体验和态度；而工作动机往往成为工作满意度的预测因素，是解释员工工作表现的原因。

总之，理论界对于内在动机的定义存在多种解释。随着组织管理理论的不断推广，Deci 等的内在动机的概念逐渐被普遍接受和引用，认为人们对工作本身的内在价值的追求动机源于自我的决心和能力的内源性有机需求。当人们从事某种工作不依赖于外部的原因时，只是为了追求工作中的乐趣，以及好奇心的满足和挑战，即为自我的内在动机（Deci，2000；Vallerand，1997；Alnabile，1994）。

三、组织文化

20世纪30年代霍桑试验开展的工作小组文化研究,可以视为最早的组织文化的相关研究,而组织文化一词是由波士顿大学Daivs教授在1970年正式提出。当时主要的社会背景是:自20世纪50年代以后,日本的经济取得迅速发展,学术界开始对其中的根源进行科学研究,而对美日两国企业组织的管理实施开展比较研究就是其中一个研究视角,进而最终产生了组织文化理论。当Davis正式提出组织文化概念以后,引起了众多学者的关注,使得组织文化理论成为了组织领域研究的主流范畴。

已有研究表明,组织创始人的愿景和使命是组织文化的本源,也是组织文化形成的开始。由于组织的创始人往往具有独创性思想,所以他们通常会带有一定的思维倾向去实施这种思想,例如组织创始人可能更愿意像家人一样关爱员工,或者更关注组织成员积极进取的内在品质。对于组织早期文化的建立,创始人会通过描述组织预期形态的方式来实现。同时,由于大多数新建立的组织规模较小,所以这也有助于创始人向组织成员明确和灌输其认定的愿景(Robins,2004)。随着组织的成长和发展,组织创始人对组织的各项日常经营活动作出决策,当创始人的决策与组织环境相互影响时,这些决策也慢慢地塑造了组织文化(Scheinder,1995)。当创始人建立了组织文化以后,为适应组织内外部环境变化(Agle et al.,1999;Sehein,1992;Wallv & Baum,1994),组织的高管们也有可能将已形成的组织文化进行改变(Davis,1984;Kerr & Slocum,2005)。然而,无论如何改变,领导或高管都对组织文化的形成和发展起着主要作用(Sehein,1992)。

关于组织文化的内涵,学术界比较统一的观点认为,组织文化是指被一个组织的大多数成员共同遵循的基本信念、行为规范和价值标准,由组织在长期的生存发展中形成。它能促进员工自豪感、使命感、归属感的形成,从而使员工对组织产生更强的凝聚力,引导员工坚定不移地为实现组织的目标而努力。本书将通过梳理不同年代的学者对组织文化内涵的认识来更加全面地展示组织文化的具体内涵。

组织文化也通常称为企业文化或公司文化,一直是组织理论研究的重要领域，已成为激励和引领员工的新途径，同时也为如何解释组织中出现的复杂现象提供了一种分析方法。管理者期望利用组织文化的塑造和灌输来鼓励员工并作出承诺，进而提高员工的劳动生产效率（Martin，2002）。不同的学者对组织文化的看法、见解、研究视角（例如组织内外部的特征、组织文化自身的特征等）往往都有所不同。

Pettigrew（1979）对组织文化内涵的解释可以称为组织文化学派的正式起点，他认为组织文化就是在一定的时代背景下某组织成员所共同拥有和接受的价值观体系，并将组织文化视同信念、符号、仪式、语言、意识形态。Robbins（1983）认为组织文化是组织内具有共同描述性特征的一种高度一致的知觉，可以整合个体、团队和组织系统的相互关系和区分组织之间的不同之处。Schein（1985）认为组织文化可以理解为被一群人所共享，并且决定了这群人的思想、感受和理解，甚至是他们的行为方式的一系列默认的基本假定，并指出组织文化是在解决组织成员的外部适应性和内部凝聚性问题的过程中由特定群体形成和发展而成，在组织内用以感化组织成员形成长远而统一的认识、感知和思考等目标的基本假定。

Denison（1990）在他的《企业文化与组织绩效》一书中解释了组织文化的内涵，认为组织文化是一个组织的全部管理系统、管理实践和行为的基础，是组织在成长和发展中形成的内在的价值观、原则和信仰。Tata 和 Prasad（1998）认为组织文化反映在组织追求的目标以及用以实现这些目标所用的各种方法当中，是由组织内各成员共享的价值观与信念所组成。Lemken 等（2000）认为组织文化约束着组织行为，是组织内的共享哲学体系，以及期望、态度和标准的总和，包含了支配着组织中的个体行为和习惯的组织的价值标准和核心信仰。

也有学者更为精练地概括了组织文化内涵，将组织文化视为组织内成员所共享的一组基本假定、规范、价值观、信仰（Stock & McDermott，2000；Mac，2001），并认为组织文化随着时间的推移而不断成形，进而影响组织的行为与过程的种类及变化（Leisen，Lilly & Winsor，2002）。Martins 和 Terblanche（2003）认为组织文化作为组织的一种特质，是组织过去运营良好而被组织成员接受并成为组织内部的一种合法假设，这些假设体现在员工的态度与行为之上，以及贯穿于组织内人际互动的活动过程当中。近年来，也有学者总结概括了关于组织文化内涵的已有理论成果，并认为组织文化是组织在成长和发展中形成的共识和总结的记忆、理解、价值观和态度（Cameron & Quinn，2006）。

在国内研究中，有学者认为组织文化是组织成员共享的价值观、信念和基本假设。这些基本假定、信仰和价值观是组织在解决外在环境所带来的生存问题及内在整合问题的过程中，通过组织成员的不断学习而产生（段锦云、王娟娟、朱月龙，2014）。具体而言，当这些假设和价值观经过实践证明是可行的，就会将其传授给其他成员，当这些成员在解决类似问题时，这些基本假设或价值观成为他们感知、思考和解决问题的正确方式，如此循环，具有组织特性和经实践证明的组织文化就形成了（席猛等，2015）。还有学者将组织文化定义为组织成员共享的一系列核心价值观，或者说组织价值观构成了组织文化的核心和精髓（吴杲、杨东涛，2014）。在曲庆等（2015）的研究中，他们认为组织文化是个多层次的概念，由成员们共同的期望和规范构成，包括表层文化（可被成员所意识到）和深层文化（价值观和设想构成其深层）。

综上，本书认为组织文化是组织在长期的实践活动中形成的、被组织成员普遍认可和遵循的价值观念及行为方式的总和。在实证研究中，本书重点探析竞争导向和人本主义两个维度的组织文化对新生代员工工作价值观与工作绩效影响关系的边界效应。其中，竞争导向的组织文化强调员工在工作中的获胜和个人成功，组织通常具有明晰的绩效考核制度，员工注重自我业绩的提升，团队充满竞争氛围（Cook & Rousseau，1998）。具有竞争导向文化的组织往往通过明晰的奖惩制度来推动员工的绩效竞争，从而提升组织面对未来不确定市场竞争的核心优势（刘善仕、彭娟、邝颂文，2010）；人本主义的组织文化关注员工内在需求，强调和谐的重要性以及员工之间的互动合作（Cook & Rousseau，1998）。在该组织中，员工相互支持和帮助，对他人的意见和建议感兴趣，关心他人的需要，在涉及他人的决策中考虑别人。

四、工作绩效

一般而言，工作绩效分为个体、团队和组织三个层次，本书聚焦新生代员工，并以新生代员工的个体层次的工作绩效为研究重点。关于工作绩效的定义，国外学术界通常存在两种观点，分别是基于结果产出的绩效观和基于个体行为的绩效观（Cambell，Gasser & Oswald，1996；Murphy，1989）。

基于结果产出的绩效观，通常将绩效定义为特定的工作职能或活动在特定时间内所创造的产出，是完成任务的结果（Bernadin，2002）。因此，该绩效观以"工作结果"为测量指标，成为了一段时期内绩效研究的主流趋势（Cascio & Aguinis，2008）。然而，这种绩效观往往忽视了人的因素，并不关心员工的工作满意度、组织承诺等心理行为，同时也不关注工作过程的控制，仅仅注重工作结果，这就导致组织管理活动中对员工的工作状态掌握不全，易于造成员工追求短期目标而忽略了组织长期目标的实现。

基于工作行为的绩效观，认为绩效是组织或个体所做的与组织目标相关联的、可预测的、具有可评价要素的行为，既包括对组织目标有利的生产性绩效行为，也包括对组织目标不利的反生产性绩效行为（孙健敏、焦长泉，2002；Hunt，1996；Murphy，1989）。因此，众多学者研究的组织公民行为、情境绩效、角色外行为、亲社会行为、反生产力行为等领域，都是以员工的此类行为作为测量指标，进而开展相关的绩效研究。

另外，国内外关于工作绩效的定义，还出现过基于价值的绩效观（Motowidlo，2003）、基于行为与结果的整合绩效观（Armstrong & Baron，1998），但这些绩效观的本质都还是以员工的结果产出或个体行为为基础而衍生出来的。以不同的绩效观为研究方向，学术界也已构建了较为丰富的绩效理论，例如任务绩效与关系绩效理论（韩翼、廖建桥，2006）、角色外和角色内绩效理论、学习和创新绩效理论（London & Mone，1999）。从组织行为学领域的绩效研究来看，不同绩效理论有差异也有重叠，例如角色内绩效与任务绩效，角色外绩效与情景绩效、组织公民行为之间都存在较多的相似之处（Van Dyne，Cummings & Parks，1995）。

近些年，国内学者开展了较为充分的工作绩效相关研究，他们一般认为工作绩效存在广义和狭义两种概念。其中，工作绩效的广义概念是指组织内一系列与组织目标有关的显性和隐性行为，包含为完成组织任务或岗位职责之内的活动，即为任务绩效，也称为角色内绩效，还包含那些任务之外或是岗位职责之外的活动，即为关系绩效或是周边绩效，也称为角色外绩效。目前，工作绩效的广义概念被广泛地应用于组织行为领域的研究（仲理峰等，2013；梅哲群、杨百寅、金山，2014；高中华、赵晨，2014；瞿皎姣、曹霞，崔勋，2014；杜鹏程等，2017）。同时，也有国内学者认为工作绩效的狭义概念是指组织内工作单元为完成与组织目标有关的系列活动，即为那些完成组织任务或岗位职责内规定内容的系列活动。在现有相关研究中，根据狭义概念开展的工作绩效研究也不在少数（彭坚、王霄，2016；孙秀明、孙遇春，2014；刘超等，2017；吕鸿江、韩承轩、王道金，2018）。另外，近些年的国内研究也将工作绩效划分为任务绩效和创新绩效两个维度。其中，任务绩效主要指那些按照既定的、标准化的流程就可以完成的任务，通常是内容单一且较为简单的任务；创新绩效主要指那些需要一定自主性和创造性才能完成的任务（邓传军、刘智强、邱洪华，2017；曹元坤、徐红丹，2017）。

综上，为深入探析新生代员工完成特定岗位工作和实施组织情境行为的绩效表现，本书以角色内绩效和角色外绩效为研究重点，全面展示新生代员工在职场中的工作绩效。其中，角色内绩效涉及员工在特定的工作岗位上，通过知识、信息、材料和具体工作等直接的活动为组织做出贡献的行为（屠兴勇等，2017）；角色外绩效是非正式角色所强调的，也不是劳动报酬所引出的，而是由一系列非正式的合作行为构成（韩翼，2007）。

第四节　研究内容、方法和技术路线

一、研究内容

（一）新生代工作价值观的结构因子与内涵分析

该部分的研究包含采用扎根理论的研究一和运用内容分析法的研究二两项质化研究。首先，研究一以主流门户网站中不同群体对新生代员工工作价值观的网络评论为研究样本，运用扎根理论，通过开放式编码、主轴编码和选择性编码等研究过程，构建新生代员工的工作价值观因子类别和结构模型。其次，研究二以新生代员工对工作价值观开放式问卷的自我评价为研究样本，通过提取条目、合并同类项及精减、条目归类及命名、确认性归纳等研究过程，再次构建出新生代工作价值观因子类别和结构模型，并得出新生代工作价值观的初始测量问卷。最后，对新生代工作价值观内涵开展对比分析研究。包括：研究二和研究三的新生代工作价值观结构因子对比分析；国内与国外新生代员工的工作价值观的对比分析；我国新生代与老一代员工的工作价值观的对比分析。

（二）新生代工作价值观的结构测量与信效度检验

该部分的研究包含研究三和研究四。研究三以不同区域和行业的企业为样本来源，采用问卷调查法来收集新生代员工对新生代工作价值观初始问卷的自评数据，并运用探索性因子分析开发出新生代工作价值观的修订测量问卷，以及检验该问卷的信度情况。研究四再次采用问卷调查法，收集跨区域、多行业的企业新生代员工对新生代工作价值观修订测量问卷的自评数据，运用结构方程模型、相关性分析和多元回归分析等定量统计方法对新生代工作价值观的结构效度、区分效度和预测效度进行检验。因此，该部分以研究三和研究四来共同开发并验证新生代工作价值观量表的信度和效度情况。

（三）新生代工作价值观对工作绩效的影响机理研究

该部分涉及研究五。本书采取多元纵向配对设计，首先收集新生代员工对工作价值观、内在动机和组织文化的自评数据，接着在两个月后收集上级领导对这些新生代员工的工作绩效的他评数据，再对两批数据作组合配对。针对这批配对数据，运用验证性因子分析、描述性统计分析、相关性和多元回归分析等方法，分别验证新生代工作价值观对工作绩效的直接效应、内在动机对新生代工作价值观与工作绩效的中介效应、组织文化对新生代工作价值观与工作绩效的调节效应，全面立体剖析新生代员工在个体层次和组织层次多因素影响下的角色内绩效和角色外绩效的交互效应和路径特征。

二、研究方法

本书遵循"理论探讨→定性研究→定量研究→多元纵向实证研究"这一研究思路，在运用规范研究方法对研究模型进行理论挖掘和文献回顾后，采用多种实证研究方法针对不同的核心内容开展研究，为科学完成本书提供技术支撑。具体而言，主要包括如下的研究方法：

（一）文献研究

作为科学研究中最基本的研究方法，文献研究可以全面梳理相关研究领域的已有研究成果，并发现其中的不足和空白，为新的研究提供研究方向。本书合理使用学校图书馆的电子资料数据库（例如，EBSCO、social sience research network、中国知网）与国际知名搜索网站（例如，Google 学术搜索），以"milliennel/new generation""work values""intrinsic motivation""work/job performance""organizational culture"等英文关键词及组合，以"新生代""80 后""90 后""工作价值观""内在动机""工作绩效""组织文化"等中文关键词及组合在相应数据库进行检索，获得了大量相关领域的国内外研究成果。

在此基础上，本书对各变量的概念界定、测量问卷及经验研究等方面进行了梳理和总结，从而进一步发现已有研究的空白和不足之处，并确立拟解决的核心问题，主要包括：新生代工作价值观的结构因子和内涵分析研究；新生代工作价值观的结构测量和信效度检验；基于组织文化调节效应的新生代工作价值观、内在动机对工作绩效的影响机理研究。

（二）定性研究

研究一和研究二分别采用扎根理论和内容分析法等两种质化研究范式，来开展新生代工作价值观的结构因子和内涵分析研究。

研究一参考 Strauss 和 Corbin（1994）关于扎根理论的研究方法和程序，以多家互联网知名门户网站为样本渠道，收集分析不同群体对新生代员工工作价值观的评论，通过开放式编码、主轴编码和选择性编码等过程构建出新生代工作价值观结构因子的理论模型，并探讨其内涵特征。

研究二参考 Farh 等（2004）关于内容分析法的实施过程，以新生代员工对工作价值观开放式问卷的自我评价为研究样本，通过对开放式问卷数据开展提取条目、合并同类项及精减、条目归类及命名、确认性归纳等研究过程，再次构建出新生代工作价值观结构因子的理论模型和探析新生代工作价值观的内涵特征，并编制出新生代工作价值观的初始测量问卷。

（三）定量研究

研究三和研究四遵循 Farh、Zhong 和 Organ（1997）编制量表的程序，对新生代工作价值观的结构测量和信效度进行开发和验证。

其中，研究三运用 SPSS 软件，对以新生代工作价值观初始问卷为测量工具而获得的大样本数据进行探索性因子分析，从而开发出新生代工作价值观的修订问卷，并对该测量问卷进行信度评价。

研究四以新生代工作价值观修订问卷为测量工具对新生代员工的中等样本进行测量，运用 AMOS 和 SPSS 软件，分别对所获数据进行验证性因子分析、相关性和多元回归分析，全面验证新生代工作价值观修订问卷的结构效度、区分效度、预测效度。最终通过研究三和研究四共同开发和验证新生代工作价值观量表的信度和效度。

（四）多元纵向实证研究

研究五以多元纵向配对数据为基础，开展基于组织文化调节效应的新生代工作价值观、内在动机对工作绩效的影响机理研究。为了更完整、更系统地考察中介效应和调节效应在工作价值观与结果变量之间的作用，本书采用 Edwards 和 Lambert（2007）提出的"有调节的中介效应模型"（moderated mediation）进行假设检验，这种方法能够系统考察中介变量和调节变量同时在模型中存在并发挥作用时的程度或大小、显著性以及差异，从而能够更加科学地检验模型中变量之间的关系（Edwards & Lambert，2007）。

在这个有调节的中介效应模型中，新生代员工的工作价值观可能会对员工的工作绩效产生影响，而内在动机是一个潜在的中介变量，组织文化是潜在的调节变量。本书运用 AMOS 和 SPSS 软件，开展验证性因子分析、描述性统计分析、多元回归分析、结构方程模型等多项统计分析研究，分别验证该模型的区分效度、描述性统计特征、新生代工作价值观对工作绩效的直接效应、内在动机对新生代工作价值观与工作绩效的中介效应、组织文化对新生代工作价值观与工作绩效的调节效应。

三、技术路线

本书的内容共分六章，并按以下顺序进行论述，其中第三章至第五章构成本书的核心内容。

第一章，绪论。主要从实践中提出问题，分析国内外已有相关理论的不足与局限性，明确本书的研究目标，并对本书的研究范围进行了明确的界定。针对本书的理论意义与实践意义进行了重点阐述，最后给出了研究的内容与整体思路，其中包括阐述本书的总体框架，所涉及的研究变量以及运用的研究方法。

第二章，文献综述与理论基础。主要论述本书的理论基础，并对国内外学者的相关研究成果进行综述。本章分为两个部分：首先对国内外学者的相关研究进行了综述（包括新生代员工、工作价值观、内在动机、组织文化、工作绩效），指出了当前研究的不足，为本书的后续部分指明了研究方向；之后分析和解释了对本书具有支撑作用的相关理论（包括自我验证理论和社会交换理论）。

第三章，新生代员工工作价值观的结构模型和内涵分析。其中包含研究一和研究二：研究一以互联网多家知名门户网站的多主体网络评论为研究对象，采用扎根理论开发和构建新生代员工工作价值观的因子类别和结构模型，并对新生代员工的结构内涵进行了探析。研究二以不同行业和地区的众多企业的新生代员工为研究对象，采用内容分析法开发和构建新生代工作价值观的因子类别和结构模型，并分别对五个因子的内涵进行了探析，从而获得了新生代工作价值观的初始测量问卷。最后对新生代工作价值观内涵开展了多角度的对比分析研究。

第四章，新生代员工工作价值观的结构测量和信效度检验。其中包含研究三和研究四：研究三采用问卷调查法对新生代员工进行了工作价值观初始测量问卷的调查，并对样本数据进行了探索性因子分析和信度分析，最终得出具有良好信度指标的新生代工作价值观修订问卷。接着，为了进一步检测该修订问卷的效度情况，在研究四中再次以新生代员工为调查对象，重新收集样本数据，采用验证性因子分析、结构方程模型、相关性分析以及多元回归等统计分析方法，分别验证该修订问卷的结构效度、区分效度、预测效度。最后获得了被验证具有良好信效度的新生代工作价值观量表。

第五章，新生代员工工作价值观对工作绩效的影响机理。本章涉及研究五，具体开展基于组织文化调节效应的新生代工作价值观通过内在动机中介变量对角色内和角色外绩效的影响机理研究。该研究采用多元纵向配对设计，首先获取了新生代员工对工作价值观、内在动机和组织文化的自评问卷数据。

此后两个月，收集了员工领导对该员工的工作绩效的他评问卷数据，两批数据配对后进行结构方程模型检验和相关统计分析，从而分别验证新生代工作价值观对工作绩效的直接效应、内在动机对新生代工作价值观与工作绩效的中介效应、组织文化对新生代工作价值观与工作绩效的调节效应。

第六章，讨论与总结。本章对全书进行总结，根据第三章、第四章和第五章的研究结论，提出相应的企业人力资源与创新管理建议，同时总结和指出本书的创新性结论、研究的局限以及未来进行研究的方向。如图1-1所示。

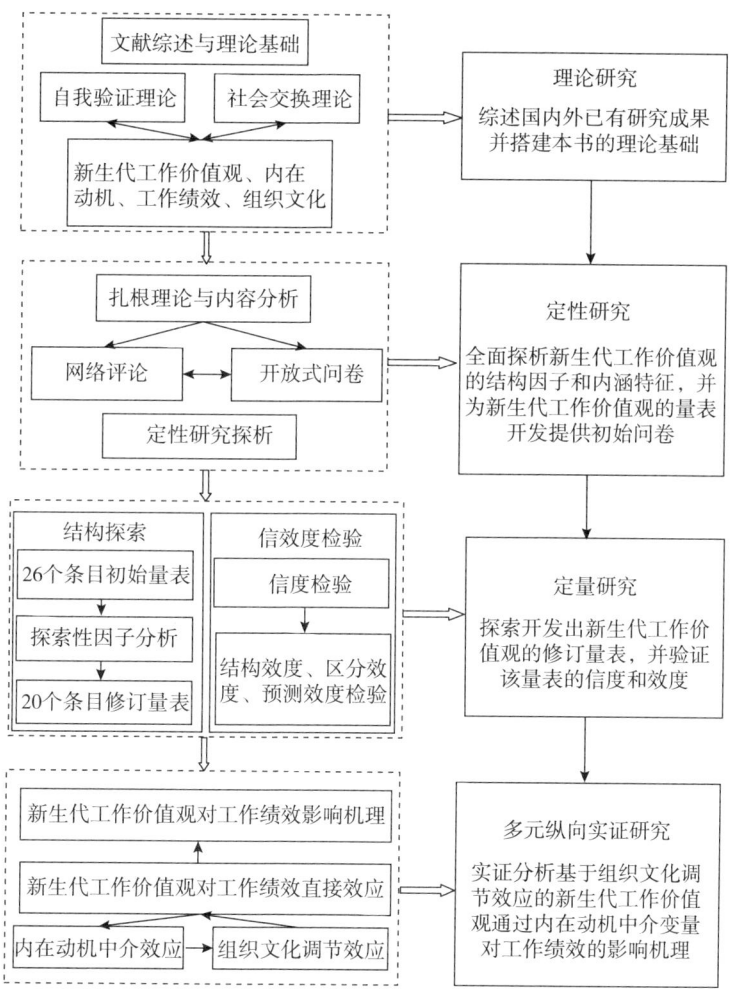

图1-1 本书研究流程与技术路线

第二章
文献综述和理论基础
Chapter II

本章重点探析新生代员工工作价值观结构模型、内涵特征及其对工作绩效的影响机制。基于这些研究内容，本章将从现有相关文献的研究成果和理论基础两个方面进行系统梳理、归纳、总结。其中，文献综述部分将对新生代员工、工作价值观、内在动机、组织文化、工作绩效等核心概念的结构、测量、相关研究开展理论综述；理论基础部分将论述作为解释本书影响机制模型的两个基础性理论——自我验证理论和社会交换理论。

在文献综述部分，一是结合文献研究成果和管理实践热点，主要关注新生代员工的特点与特质、价值观、职场状况等方面，为深入开展新生代员工的工作价值观研究提供现实背景。二是主要关注工作价值观的理论模型、结构与测量、关系研究等方面。通过系统分析发现，国外关于工作价值观的结构研究已取得丰硕成果，而国内相关研究主要引用国外成果，存在适应性和有效性问题，这也是开展中国情境下新生代员工工作价值观研究的理论前提。三是主要关注内在动机的结构维度、测量和关系研究等方面。学界普遍认同内在动机的结构模型包括好奇心、胜任感、乐趣三维度，并由此探讨工作环境、工作内容和文化等因素对内在动机的影响效应。四是主要关注组织文化的分类、测量和关系研究等方面。通过分类研究，我们可以更清晰、准确地了解和掌握本组织的文化特性和组织之间的文化差异，以及更充分地认识到本组织的文化与其相关要素进行合理匹配的重要性。五是主要关注角色内和角色外绩效的差异以及工作绩效的影响要素，包括员工的胜任力、人格特征和心理行为、工作设计和特性，等等，进而全面探析新生代员工在职场中的绩效表现。

在理论基础方面，自我验证理论认为人们为了获得对外界的预测感和控制感，并保持和强化他们原有的自我概念，会不断地寻求或引发与其自我概念相一致的反馈（Swann et al., 2002）。本书认为新生代员工出于对未来不确定性的规避或控制，以及对代际之间不同价值观引发的观念差异的调和，他们将强化内在的某种动机和价值偏好等自我概念，从而实施与此类自我概念相一致的行为。另外，社会交换理论认为希望通过互动与交换从对方那里获取回报是社会成员进行个体交换行为的动力来源，这些交换回报主要包括物质金钱、服从、社会认可与尊敬等（沈伊默等，2009）。本书认为组织与员工如何平衡自我角色在社会交换过程中的投入与回报，并最终形成目标的一致和成果的共赢，不仅是社会交换理论在现代企业管理实践中的重要体现，也将是本书聚焦中国新生代员工管理研究的命题之本。因此，本书将自我验证和社会交换理论同时作为解释新生代员工工作价值观对工作绩效影响机制的基础性理论。

第二章 文献综述和理论基础

第一节 文献综述

一、新生代员工工作价值观的相关综述

(一) 新生代员工的主要研究

新生代员工是新兴工作群体,国内外对这一群体的研究尚处于起步阶段,学术界对这一群体的认识尚未达成一致。综观现有研究,主要集中在以下几个方面。

1. 新生代员工的特点与特质

与老一代的员工不同,新生代员工成长于信息技术快速发展和经济全球化的时代(Bowles,2008)和一个快节奏、不断变化的社会(Hewlet,2009),同时也处于相对稳定的结构和社会经济环境之中。在人口特征上,他们人数众多、多元化(Marston,2007)、受过高等教育(Howe & Strauss,2000;Lyons,2005);在精神面貌上,他们行动快速、思维跳跃性强、乐观开朗、具有全球化视野(Bowles,2008)、喜欢文化的多元性(Rekar & Munro,2009)、接受和尊重权威(Howe & Strauss,2000)、有一定程度的虚拟导向(Tulgan,2009)。作为一个整体,他们拥有更高的智力水平(Clark,2007)、更好的写作和交流技能(Oblinger,2003)、良好的适应能力和信息技术能力(Fields,2006;Wisniewski,2010)、多任务处理能力(Cennamo,2008)、团队合作能力(Alsop,2008);良好的沟通和交流能力(Wisniewski,2010)、较高的自我认知能力、实验性学习能力(Oblinger,2005)、批判性思考能力(Hollon,2008),其中运用各种技术能力完成多任务是新生代员工区别于其他员工的重要特点(Glass,2007)。

2. 新生代员工的价值观

正因新生代员工成长在这种特殊的时代,他们形成了其独特的价值观:高度成就导向(Yeaton,2007;Dries,2008;Bolton,2013),重视结果和反

馈（Oblinger，2005；Broadbridge，2007）、多元化和多样性（Cennamo，2008）、注重平等和公平、漠视权威（Dulin，2009；Sessa，2009；Charu Shri，2011）、追求自身发展、价值实现（Mark & Crindle，2003）和职业生涯成功（Payne，2005；Fried，2007；Hess，2009；Rekar & Munro，2009；Meister，2010）、渴望工作和生活的平衡（Rekar & Munro，2007；Dries et al.，2008；Twenge，2010）、享受工作的意义和乐趣（Dulin，2008；Macky et al.，2008）、重视职场中的关系（Lyons，2005；Rekar & Munro，2007；Macky，2008）、喜欢工作自主性（Egri，2004；Dries et al.，2008；Wilson，2008；Westerman，2010），等等。

3. 新生代员工的职场状况

这个部分主要关注新生代员工的工作满意度及其与离职的关系、组织承诺与忠诚度、工作行为，等等。

（1）新生代员工的工作满意度研究。主要涉及新生代员工工作满意度的构成要素及影响因素、新生代员工工作满意度对其他相关组织变量产生的影响及作用程度。王然（2007）实证检验了新生代员工的福利待遇、薪酬水平、工作体验与工作满意度之间的关系，结果表明企业支付的基本工资达到一定水平后，激励员工的效果不断减弱，进而转变为保健因素，而员工的工作满意度与企业的绩效工资存在正向关系。另外，新生代员工工作体验的不同维度都与工作满意度存在显著的正向关系，就某种程度而言，工作体验甚至弱化了福利待遇对新生代员工工作满意度的影响程度。谢玉华等（2013）基于中国情境探索新生代员工参与对员工满意度的内在影响机制，其研究表明新生代员工参与管理、参与监督、参与决策对员工满意度有显著的正向影响；参与意向在员工参与对员工满意度的影响过程中起调节作用。颜爱民等（2016）的研究认为新生代员工感知的高绩效工作系统与工作满意度显著正向相关，与工作倦怠显著负相关；工作期望部分中介了新生代员工感知的高绩效工作系统与工作满意度及工作倦怠之间的关系；程序公平在新生代员工感知的高绩效工作系统与工作期望间起负向调节作用。

（2）新生代员工满意度与离职的关系研究。基于心理契约的理论视角，唐泳玲（2008）实证探析了新生代员工的工作满意度对离职倾向的影响效应，其研究结果表明，新生代员工的心理契约与工作满意度存在显著的正向关系，其中通过新生代员工对组织发展有意担当的责任能有效地预测其工作满意度；新生代员工的工作满意度对其离职意向产生显著的负向影响效应，且新生代员工心理契约中存在的对组织的责任感通过工作满意度可以有效地预测其离职意向。佘双好等（2010）以武汉某银行的251名新生代员工为问卷调查对象，验证了新生代员工的离职倾向与其工作满意度及各维度之间呈显著的负向关系，其中，新生代员工关于企业内部的激励机制和管理方式的满意度对离职倾向的负向影响效应尤其显著。近几年的研究中，有学者认为新生代员工工作满意度能够预测其离职倾向，企业提高新生代员工工作满意度可有效降低离职行为（兰玉杰、张晨露，2013）。Jauhar、Chan 和 Rahim（2017）认为探索变革型领导和奖励对新生代员工离职倾向产生影响，且验证了工作满意度在奖励和离职倾向之间的调节作用。

（3）新生代员工的离职研究。关于新生代员工的离职研究，国内外学者还做了不少探索。其中，国外学者对新生代员工离职的影响因素进行了归纳，主要包括以下几个方面：一是外部环境因素。Price 和 Mueller（2000）在著名的 Price-Muelle 模型中提出影响员工离职的环境变量包括亲属责任和工作机会。工作机会越多，即地区劳动力市场状况越好、失业率越低，则员工的离职意愿越高。二是组织因素。国外学者认为组织因素是影响新生代员工离职最直接、最重要的因素之一，主要涉及组织环境、企业文化、企业制度、管理方法与手段、个人与组织匹配度等（Rau & Adams，2005）。三是工作因素。国外学者认为影响新生代员工离职的工作因素有：工资待遇、工作条件、工作保障、工作发展、工作关系等（McElroy，2010）。

在国内关于新生代员工离职研究中，有学者从多理论视角构建了不同前因变量、中介变量、调节变量的离职理论模型，并以新生代员工为研究对象进行实证检验。例如，程垦和林英晖（2017）基于心理契约理论，探讨雇用前后的组织支持一致性对新生代员工离职意愿的影响以及员工幸福感的中介作用。研究发现相较于"低预期—低感知"组织支持一致，在"高预期—高感知"组织支持一致的情况下，新生代员工的离职意愿更低；相较于"高预期—低感知"组织支持不一致，在"低预期—高感知"组织支持不一致的情况下，新生代员工的离职意愿更低；预期组织支持与感知组织支持越一致，新生代员工的离职意愿越低，且员工幸福感在组织支持一致性与新生代员工离职意愿之间起部分中介作用。此外，有学者认为新生代员工组织政治知觉和心理契约破裂显著影响离职倾向，心理契约破裂在组织政治知觉和离职倾向中起部分中介作用。领导—成员交换关系在组织政治知觉和心理契约破裂、心理契约破裂和离职倾向中均起负向调节作用（张韫、何斌、李泽莹，2016）。

（4）新生代员工的组织承诺与忠诚度研究。国内已有研究认为组织忠诚度的培养受到不同组织承诺的影响，但对新生代员工组织承诺的影响因素，以及组织承诺与组织认同、员工离职意向的关系等问题的研究还相对不足。赵晶晶（2009）通过实证研究验证了新生代员工的情感承诺与其职位和学历存在正向关系，职位（技术、管理层级）和学历越高，员工对组织具有越高的情感承诺；新生代员工的情感承诺程度与企业性质相关，与国企、私企员工相比，外企员工的情感承诺高，但持续承诺程度低；员工的规范承诺程度与其在该企业的工作年限存在负向关系。刘红霞（2010）通过实证研究表明，新生代员工与老一代员工相比，其组织承诺的各维度平均得分相对较低，尤其是新生代员工的情感承诺、经济承诺、规范承诺等方面与老一代员工的差异更加显著。因此，为提高新生代员工的组织承诺和忠诚度，企业管理者可以在员工招聘、团队建设、沟通方式、员工职业发展等人力资源管理实践中嵌入组织价值观要素和忠诚度标准，从而系统地改善组织内部成员的忠诚度和组织承诺水平（李芝山，2009；任芳芳，2010）。同时，有学者构建新生代员工工作承诺模型，发现工作承诺各维度以工作伦理和目标承诺为驱动力，以工作卷入和职业承诺为中间变量，最终影响主管承诺和组织承诺（阎亮，2016）。

（5）新生代员工的工作行为研究。学者们主要聚焦知识共享行为、组织报复行为、反生产行为、主人翁行为、建言行为，等等。例如，陈诚和文鹏（2011）研究发现新生代员工的学习意愿对导师的知识共享行为有显著的正向影响。朱瑜等（2014）的研究表明新生代员工组织劳动合同法规避认知显著正向影响组织报复行为，其中新生代员工工作不安全感起完全中介作用。刘文彬和唐杰（2015）构建了包含四种绩效反馈影响新生代员工反生产行为的机制，并发现放任型和激发型反馈分别对新生代员工的自我效能感产生负向和正向影响，耗散型和协整型反馈分别对新生代员工的考核公平感产生负向和正向影响，进而分别促进和抑制其反生产行为。彭伟等（2017）认为包容型领导对新生代员工主人翁行为具有显著的正向影响；主管忠诚在包容型领导对新生代员工主人翁行为的影响中发挥完全中介作用；传统性在包容型领导与新生代员工主人翁行为关系中具有显著的负向调节作用。赵宏超等（2018）的研究表明，共享型领导对新生代员工建言行为具有显著的正向影响，并且积极互惠在两者之间起完全中介作用；责任知觉显著正向调节共享型领导与员工建言之间的关系。此外，还有学者运用扎根理论，结合新生代员工相关的网络评论，提炼出其独特心理需求和主动行为增强特征及其影响组织社会化的"需求—认知—行为"模型（李燕萍、徐嘉，2013），以及探索发现新生代员工情绪智力结构及其对工作行为的影响，并检验了工作投入的中介作用和组织支持的调节效应（侯烜方、邵小云，2017）。

综上，随着新生代员工管理在实践中越来越受到重视，关于新生代员工的理论研究也不断深入，成果日益显著。然而，这些研究总体上缺乏整体性和系统性，研究结论也存在差异。如果我们对新生代员工的心理特征、行为表现及其内在关系缺乏整体了解和认知，会影响我们实施有效的新生代员工管理策略。同时，本书认为，新生代员工的工作价值观差异及其引发的行为表现是造成新生代员工管理难的重要诱因之一。因此，加强新生代员工工作价值观的规范研究成为重要命题。

（二）工作价值观的理论模型

工作价值观理论框架可以在 Rokeach（1973）关于价值观调查的工具和最终维度的基础上进行某种程度的扩展。Rokeach 认为，单一的价值观是不能在共同维度上进行分类的，只有工具型价值观可以是道德型或偏好型价值观，以及仅仅是最终价值观才可能具有个体或社会属性。由于 Rokeach 的许多工具型和最终价值观存在关联或者工具型到最终价值观可能的改变，而其他许多的工作价值观文献又没有将工具型与最终价值观区分开来，因此两两分类法的开发，展示了更具简明具体特征的工作价值观结构。例如，模型中出现的"偏好"，类似更多地描述道德价值观的反面，而非如"标准"一样，只强调事物的是或非。具体包括以下几个类别：

1. 道德价值观和偏好价值观

有些文献建议对道德和偏好价值观进行区分（Gorsuch & Ortberg，1983）。这些区分对于工作价值观有着特殊联系。因为有些价值观具有道德成分，而有些仅仅强调偏好，并没有包含道德成分。工作价值观的道德属性表现为对事物是非判断的标准，例如权力理论、公平理论、功利主义（Cavanagh et al.，1981）以及道德标准（Saul，1981）。道德价值观可以是一种社会共识或是个体观念。那些强调重要性和喜好标准而不是是非判断的价值观被归类为偏好。当时的文献并未认识到这些区别的重要性（England et al.，1974；Gatewood & Carroll，1991；Kahn，1990）。例如，England 指出价值观的概念特征是偏好与规范内涵之间的一种延续，"规范"包括道德和社会认可价值观。与社会普遍认可的价值观相比，道德型价值观可能更强调内在性，包含责任或义务的自我感知便是其中重要的道德型内涵（Higgins，1987；Scott，1965）。

2. 社会共识价值观

这种价值观是指在某种文化背景下的成员彼此互为重要，不仅为自己，也为成员内的其他人。显然，没有哪种价值观是普遍提倡或者主张一致性的，这就是社会共识和个体价值观不能形成统一的原因。相反，个体价值观是建立在个体偏好选择的基础上，而社会共识价值观更多地考虑其他人的影响（Fazio & Zanna，1981）。更多的社会共识也可以导致个体观点朝着社会主流观点倾斜。在道德领域，个体观点有可能受社会共识的影响，从而形成个体的是非标准。许多工作价值观的文献都在讨论价值观的社会性结构，文化共享融合在价值观定义方面起着重要角色（Scott，1965）。社会环境或背景通过为社会认可信念提供指引和将个体的注意力聚焦于特殊刺激的方式，影响着价值观的社会性结构（England，1967；England et al.，1974；Salancik & Pfeffer，1978）。

价值观分享是一个组织甚至国家文化的展示（Hofstede，1984；Hofstede & Bond，1984；Meglino et al.，1989；Schein，1985；Trevifio，1986）。社会规范对于一种道德风气的形成是必要的（Payne，1980；Victor & Cullen，1988）。社会学习理论（Bandura，1977）认为合适的工作价值观是在社会设置中建立模型（Weiss，1978），同时也可能在个体被社会化后得到修正（Berger et al.，1983；Connor & Becker，1975；Weiss，1978）。社会共识在道德型抉择方面是一个重要的影响因素（Jones，1991），反映在抉择方面的价值观不仅包括决策者个人的价值观，也包括决策者价值观的社会反馈（Beyer，1981）。人们应该认识到众人倡导的某种价值观并不意味着以后就有坚持的必要。例如，虽然利他主义具有很高的认可度，但是它通常并不会实际展现出来（Dose，1997）。

3. 个体价值观

然而，并不是所有的工作价值观都由社会性决定，或者包含平等的社会期望（Ravlin & Meglino，1989）。这个观点被两个领域的价值观文献所证实：工作偏好和价值观冲突。工作期望类型（Super，1973）、工作方式偏好（Pryor，1979），或者个体对他们工作环境和工作产出的重要性感知（Locke，1976；Lofquist & Dawis，1971），组成了不同但是具有同等价值的替代因子。另外，有研究者发现工作价值观具有并不被社会影响的遗传成分（Keller et al.，1992）。最终，只有Super的工作价值观量表（Super & Mowry，1962）和Pryor的工作方式偏好量表（Pryor，1983）的利他主义和独立性因子较为敏感地受到社会期望影响。因此，并非将社会期望视作测量的问题，可能在某种程度上将其定义为反映价值观由社会性决定或者文化共享程度的一种指示符会更加卓有成效（Zerbe & Paulhus，1987）。价值观冲突的存在也反映出工作价值观并未具有相同程度的社会共识。由于价值观的个体属性，不同个体之间的价值观交点可能产生冲突（Brown，1976；Connor & Becker，1975；Senger，1971）。

虽然有些伦理文献列举了组织和社会规范价值观的重要性，但是规范性价值观的认同还是与普遍性有差距（Katz & Khan，1978；Payne，1980）。一些伦理文献假定人们可能有几个可以影响社会组织的道德准则（Beyer，1981；Strother，1976），其中最关键的参考准则可能是在显著情形下的权力接近或是激励权力。不同组织的利益相关者可能有不同的价值观体系，伦理可能引发矛盾或者多元化冲突（Jansen & Von Glinow，1985；Payne，1980；Payne & Giacalone，1990；Tetlock，1986）。同时，虽然在不同的社会组织中有某种程度上的拟合效应，但是某些价值观期望还是很难普遍化。最后，个体在组织中的伦理标准的改变，也会导致价值观冲突（Trevifio，1986）。告密行为是对那些受到价值观冲突影响的行为的很好解释——即便显著性参考群组控制着某些价值观，但是个体的选择并不受其关联。规范性价值观的违背在某种意义上说明了价值观的个体决定性（Elsbach & Sutton，1992；Payne，

1980；Payne & Giacalone，1990）。

4. 工作价值观结构的两两分类

本书用两两分类图对工作价值观内涵和结构进行整合（见图2-1）。

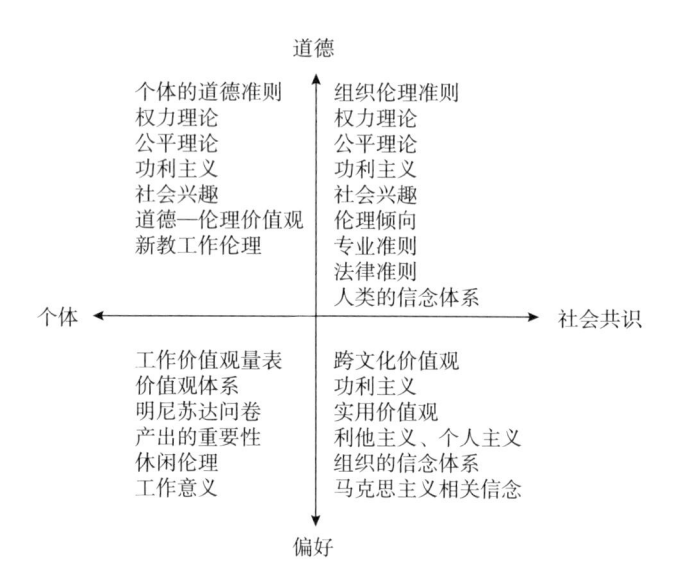

```
                        道德
                         ↑
个体的道德准则      │  组织伦理准则
权力理论            │  权力理论
公平理论            │  公平理论
功利主义            │  功利主义
社会兴趣            │  社会兴趣
道德—伦理价值观    │  伦理倾向
新教工作伦理        │  专业准则
                   │  法律准则
                   │  人类的信念体系
个体 ←─────────────┼─────────────→ 社会共识
工作价值观量表     │  跨文化价值观
价值观体系         │  功利主义
明尼苏达问卷       │  实用价值观
产出的重要性       │  利他主义、个人主义
休闲伦理           │  组织的信念体系
工作意义           │  马克思主义相关信念
                   ↓
                  偏好
```

图2-1 工作价值观理论框架

（1）社会共识—道德象限。基于对维度结构的分析，价值观和伦理的概念可以归类到四个象限中的其中一个。许多在商业伦理文献中建议的价值观体系构成了社会—道德象限。作为伦理，它们是关于道德义务的准则。组织伦理规范、专业法则和法律法规都是由道德内涵中什么是"正确"成分的价值观体系的社会性决定的。一个伦理风气也是一个社会共识体系。形式主义是基于传统和惯例的一种伦理，同时也构成了社会共识的一部分。权力理论、公平和功利主义（Cavanagh et al.，1981），以及England的道德—伦理价值观体系由社会共识控制时，也都被归类到这个象限。人类的信念体系（Buchholz，1978）也是被社会性决定并认为工作应该是为个体的发展而存在。最后，有学者认为社会和文化决定了新教工作伦理（Nord et al.，1988；Blood，1969；Hulin & Blood，1968）。

（2）个体—道德象限。个体道德准则归属于个体—道德象限中。例如，揭发行为体现了个体反对组织共识的一种道德义务。虽然个体价值观通常反映了社会共识，但是揭发行为是个例外（Fishbein & Ajzen，1975）。个体可能会被一些并不被社会共识认可的伦理控制，例如公平、权力，或者功利主义（Cavanagh et al.，1981）。当组织的价值观不能符合个体认同的重要价值观时，个体的道德准则会被显现出来。Mirels 和 Garret（1971）将新教工作伦理概念化为不受社会影响的个体变量，Wollack 等（1971）也认为个体变量不受社会影响。最后，因为 Keller 等（1992）推测出工作偏好中的遗传成分，所以个体—道德成分遗传的可能性将会成为未来研究的一个课题。

（3）个体—偏好象限。关于工作偏好的职业行为文献（Lofquist & Dawis，1978；Nevil & Super，1989；Pryor，1979；Super，1973）首先归纳进这类象限。研究中简要确认什么是个体认为重要的事物部分也归纳进其中。个体喜好什么或者判断什么是重要的，都随个体改变，除非两个价值观都没有在社会期望中存在。个体的闲暇伦理（Buchholz，1978）不具有社会期望或者道德成分，所以也适合这个象限。作为个体偏好，England（1967）的审美或情感价值观也属其中。最后，个体赋予工作的意义（Mow，1987），源于个体偏好和社会影响。

（4）社会共识—偏好象限。这类价值观被认为符合社会共识的期望，但是并不强加道德标准，它们的目标是成功。例如，Brady（1985）的功利主义和 Englan（1967）的务实价值观。Super（1973）和 Pryor（1979）的利他主义和个人主义量表，以及 Ravlin 和 Meglino（1987）的价值观理论都被发现存在社会期望成分。组织和马克思主义的相关信念体系都强调社会共识以及成功和控制，而非注重与道德标准的匹配。最后，由文化决定的价值观不具有道德内涵，Hofstede（1984）的权力距离、个人主义/集体主义、不确定性规避以及男女价值观都包含其中。

（5）象限之间的关系。个体—社会共识维度不是一分为二而是互为存续，价值观领域可以更接近或偏离中心。价值观视作社会期望共识的程度决定了其是否更偏向个体或社会共识特征。假设了道德型价值观具有遗传成分，显然就使其偏向个体特征。新教工作伦理是一种社会期望还是个体变量的问题将成为未来研究方向，但是它可能受到个体和社会的共同影响，所以更接近于个体—道德象限的中间点。虽然个体通常具有个人伦理准则，同时有些方面又可归类于社会—道德象限，但是区别在于这些个体准则缺乏社会影响。

由于伦理不被外部诱导（Wallach & Wallach，1990），因此，当个体准则与组织和社会规范价值观产生矛盾时，一些特别的兴趣点随即产生。社会化、高自我监控以及领域依存可能都反映了社会性而非道德准则的个体决定性。

相反，个体的内部控制可能由个体价值观主导。同时，个体的价值观发展也可能是其中一个影响因素（Treviiio，1986），尤其是当个体的道德发展与组织道德风气紧密相关的时候。涉及个体的参与或者特殊价值观的显著存在，可以加强社会共识的延续（Reno，Cialdini & Kallgren，1993）。再到个体—社会存续的偏好部分。偏好并没有一致的社会期望程度，甚至在相同的测量工具里，有些偏好具有社会期望而其他的却不具备（Pryor，1979；Super，1973）。道德价值观与偏好价值观的区别在于是否与喜欢的事物相关，或者是否有义务去做那些认为对的事。进而，由于England（1967）的务实价值观注重成功，所以通常获得偏好；而公平价值观由于包含了道德成分，因此可能被抑制。对比重点量表（Ravlin & Meglino，1987）的因子发现，Super（1973）与Pryor（1979）的利他主义和个人主义的因子没有归类到道德型价值观，原因就是这些测量工具将价值观评估为重要的偏好，而非对与错的区别。

以上理论框架结构的具体展示，是对工作价值观模型的一次整合，为将来的相关研究提供较为全面的理论基础（Dose，1997）。

(三）工作价值观的结构与测量

关于工作价值观结构及其测量的研究脉络，本书将对不同发展阶段的国内外研究成果加以归纳与梳理。

1. 国外相关研究

近几十年来，国外关于工作价值观结构及其测量的研究，成果不断丰富和完善。从引入外在工作价值观或者工作结果导向（如工作安全、薪酬），到嵌入发生在整个工作过程中的内在工作价值观（如知识产权模拟、挑战性）（Elizur，1984），接着研究中增加了利他价值观（如为社会做贡献）（Borg，1990），再到融入了与地位相关的价值观（如影响力、知名度和先进性）（Ros，Schwartz & Surkiss，1999）、与自由相关的价值观（如工作与生活的平衡、工作时间）和社会价值观（如与同事和领导的良好关系)(Lyons，2004），反映出学术界对工作价值观结构内涵的认识是个逐步积累的过程。

在早期的研究成果中，Ginzberg（1951）认为工作价值观结构由工作伙伴、工作活动、工作报酬三个维度构成，也有学者认为其结构包括理论、经济、美学、社会、政治和宗教六个维度（Allport，Vernon & Lindzey，1960）。此后，Super（1970）开发出了15个条目、三个维度的工作价值观量表，分别为外部激励（生活方式、安全、地位和经济回报）、外部的社会和工作相关环境（环境、关联、监督关系和类别）、内部激励（创意、管理、成就、利他主义、独立、智慧、刺激和美学）。接着，又有学者制定了9个条目、五个维度（行为偏好、获利态度、工作参与、工作荣誉和争取向上）的工作价值观量表，以及六个工作价值观维度构成的明尼苏达问卷，即成就、利他主义、自主性、舒适、安全和地位（Wollack，Goodale，Witjing & Smith，1971；Gay，Weiss，Hendel，Dawis & Lofquist，1971），而Taylor和Thompson（1976）通过实证研究得到工作价值观的五个维度，即安全环境、内在激励、自我表达、工作自豪感和外在激励，以及Elizur（1984）研究获得了由内向、外向、社会和声望四维度，24个条目构成的工作价值观量表。

另外，一项跨文化大样本的国际研究表明，工作价值观具有三维度的结构特征，即认知（地位、反馈和状态）、情感（承认、尊重和互动）和工具（工资、福利和安全）（Elizur，Borg，Hunt & Beck，1991）。Schwartz（1994）评价了56种工作行为及模式的重要性后编制出由十个类别组成的工作价值观量表，并利用从44个国家选出的97个样本对该量表进行了效度检验。Mirels和Garrett（1971）利用19个条目描述了员工对"新教工作伦理"（包括对工作事务的勤奋、不无所事事、按时偿还贷款、节约开支、不让资金滞留）的认可程度，编制出"新教工作伦理"量表（protestant work ethic）。随后，有研究者将该量表的19个条目划分为强调工作、禁欲和反对空闲三个维度（Mudrack，Mason & Stepanski，1999）。近年来，又有学者制定了14个条目的调查问卷来测量工作价值观的四种类别（即外在的、内在的、利他主义和社会性），并在其后调查它们如何随着时间的推移而改变（Johnson，2001）。Lyons等（2010）结合北美文化情境构建了由价值形态、成长导向和聚焦水平三维度组成的员工工作价值观结构。

2. 国内相关研究

中国文化联合会（Chinese Culture Connection，1987）构建了由融合、孔

子工作动力论、人际和谐和道德自律四因素组成的中国工作价值观结构，并编制出 37 个条目的中国工作价值观调查量表（Ralston, Gustafson, Elsass, Cheung & Terpstra, 1992）。宁维卫（1996）根据 Super 的工作价值观量表制作了中文版，认为我国城市青年的职业价值观最重视生活方式、成就、独立性和同事关系。马剑虹和倪陈明（1998）通过对中国企业职工的样本数据进行因子分析得出，工作价值观主要由工作行为评价、组织集体观念和个人要求三个基本因素构成。金盛华和李雪（2005）建立了大学生职业价值观模型（包括四因子目的性和六因子手段性职业价值观模型），并据此编制了大学生目的性职业价值观和手段性职业价值观量表。在国内聚焦新生代员工工作价值观的结构研究中，李燕萍和侯烜方（2012）通过广泛收集网络媒体对"80 后""90 后"员工工作价值观的多主体评价信息，运用扎根理论，构建出我国新生代员工的工作价值观结构。国内外研究回顾详见表 2-1。

表 2-1　工作价值观结构及测量

姓名	年份	结构内涵	因子数	条目数
Allport 等	1960	理论、经济、美学、社会、政治和宗教	6	—
Super	1970	外部激励（生活方式、安全、地位、经济回报）、外部的社会和工作相关环境（环境、关联、监督关系和类别）、内部激励（创意、管理、成就、利他主义、独立、智慧、刺激和美学）	3	15
Wollack 等	1971	行为偏好、获利态度、工作参与、工作荣誉和争取向上	5	9
Gay 等	1971	成就、利他主义、自主性、舒适、安全和地位	6	—
Manhardt	1972	舒适和安全、能力和成长与地位和独立	3	21
Taylor 和 Thompson	1976	安全环境、内在激励、自我表达、工作自豪感、外在激励	5	—
Super	1980	内在价值、外在工作价值和外在报酬	3	15
Elizur	1984	内向、外向、社会和声望	4	24
Elizur 等	1991	认知（地位、反馈和状态）、情感（承认、尊重及互动）和工具（工资、福利、安全）	3	—

续表

姓名	年份	结构内涵	因子数	条目数
Schwartz	1994	实力、成就、享乐、刺激、自我导向、普遍性、慈悲、传统、一致性和安全	10	56
Mirels 和 Garrett	1997	对工作事务的勤奋、不无所事事、按时偿还贷款、节约开支、不让资金滞留	—	19
Mudrack 等	1999	强调工作、禁欲和反对空闲	3	19
Johnson	2001	外在的、内在的、利他主义、社会	4	14
Lyons 等	2010	价值形态、成长导向和聚焦水平	3	—
中国文化联合会	1987	融合、孔子工作动力论、人际和谐和道德自律	4	37
宁维卫	1996	生活方式、成就、独立性、同事关系	4	30
马剑虹	1998	工作行为评价、组织集体观念和个人要求	3	—
金盛华和李雪	2005	目的性价值观和手段性价值观	4/6	—

综上所述，国外在工作价值观的结构和量表研究方面具有丰硕的成果，并且在理论和实践中都得到有效检验，但是研究中量表的选择和运用始终没有定论，而且这些价值观结构的建模主要出现在20世纪60年代到80年代，对象都是20世纪40年代至60年代出生和成长的个体，与新生代的成长环境差异非常大，且缺乏在中国本土样本的适用性验证。因此，探索新生代的工作价值观的结构内涵及对工作绩效的影响都具有非常重要的理论意义和现实作用。同时，国内关于工作价值观方面的研究有待严谨和规范，研究结果也还存在理论和方法的局限性。另外，针对新生代员工这类群体的工作价值观结构研究和量表开发，国内外研究目前均还处在探索阶段，未得到有效验证的研究成果。

(四) 工作价值观的主要相关研究

1. 工作价值观的影响因素

已有研究表明，工作价值观的影响因素主要表现在组织成员的性别、年龄、职位、婚姻状况、教育程度等人口统计因素方面。

(1) 性别与工作价值观。有学者认为工作价值观受到性别差异的影响较为显著，如 Jurgense (1978) 的研究表明，男性比较重视外在价值观，而女性则更加重视内在价值观。也有学者对该结论提出质疑，并认为当把年龄、教育水平、职业等变量视为控制变量时，性别差异对工作价值观的影响将消失（Kaufman & Fetters，1980），以及男性与女性除了自我发展价值观存在显著差异以外，其他工作价值观因子受性别差异的影响并不明显（Frieze et al.，2006）。

（2）年龄与工作价值观。已有学者研究表明，工作价值观与员工的年龄存在显著的相关性（Susman，1973；Tampson，1976）。员工的某些工作价值观往往会随着年龄的增加而发生改变。例如，低龄员工比较注重自我成长与内在价值的实现，而高龄员工则更加注重外在工作信念（黄同圳，1994）。

（3）职位与工作价值观。Gomez-Mejia（1980）以大型高科技企业不同职位的员工为样本开展调查研究，结果表明企业不同职位的员工，其工作价值观也会呈现出显著差异性。一般而言，职位相对较低的员工往往更容易受到外在需求的激励而追求外在价值观。Kohn 和 Schooler（1983）研究表明，企业中职位层次相对较高的管理和技术人员更易受到内在报酬的激励而追求内在价值观的实现，例如展现工作方法和成就、晋升的机会、自身能力得到领导及同事的认可，等等；职位层级越低的员工越注重企业所能提供的薪酬福利、工作条件和时间等外在报酬。该结论与 Harry（1994）的研究成果相一致：随着在企业中的职位层级的不断升高，员工更加关注实现自我工作理念和展现自我工作能力，其对薪资报酬的关注度逐渐降低。然而，Loscocco（1990）的研究结论否定了上述研究结果，他认为不同职位层级的员工也同样存在着相似的工作价值观。

（4）婚姻状况与工作价值观。员工的工作价值观会因所处的不同的婚姻状况而产生差异（Walk，1982）。同时，性别对于婚姻状况与工作价值观的影响关系也存在显著的调节效应，已婚男性与未婚男性具有不同的工作价值观特征，而女性在婚前与婚后的工作价值观差异不大（Jurgensen，1978）。

（5）教育程度与工作价值观。员工的工作价值观也会受到教育程度差异的影响。Anderson 的研究发现，文化程度的提高和教育经历的丰富化有助于促进构建内在工作价值观，工作价值观往往是与文化程度和教育经历相伴而进行社会化的过程（Steven，1993）。这些工作价值观的相关影响因素研究表明，工作价值观受社会环境和文化的影响和制约，是个人价值观、文化价观和生活价值观等一般价值观在组织成员工作行为中的投射。

2. 工作价值观与工作产出

基于认知决定理论，Vansteenkiste 等（2007）研究表明，主张自我发展和良好人际关系的工作价值观更能导致个体工作奉献等积极工作产出。工作价值观本质上是员工个体对工作及其相关因素的认知，全面清晰地了解员工的工作价值观能够帮助企业管理者制定更有效的人力资源管理策略，从而提高积极工作产出（KayHei-Lin Chu，2008）。其中，员工在工作中的行为和绩效产出是员工在组织中产出的重要部分。

（1）工作价值观与工作行为。Locke 等（1986）认为，工作价值观会影响其工作意愿或目标，进而影响其努力程度与工作表现。员工的工作行为通常表现为积极在职和工作偏差行为。在职行为是指员工自觉承担额外的工作量、工作加班、尝试改变和提升工作方法等行为（Lehman & Simpson，1992），积极的在职行为关注员工与工作相关的积极方面的行为产出，既包括角色内行为也包括加班、谏言等角色外行为等；工作偏差行为是员工自发地做出违反组织规范、损害组织和组织成员利益的行为（Robbinson & Bennett，1995），依据对象不同可将其分为人际偏差行为和组织偏差行为（Aquino et al.，1999）。人际偏差行为主要是指给其他员工造成伤害的行为（例如侮辱、歧视等），而组织偏差行为主要指反对组织和组织系统的行动（例如破坏组织设备、故意迟到早退等）。

Becker（1967）等认为，个体工作行为被工作价值观所统治，工作价值观决定着工作行为与决策，并且可以从人们行为中推断出最明显的价值偏好。Bardi 和 Schwartz（2003）运用实证方法验证了 Becker 等的观点后发现，工作价值观确实影响着工作行为，而传统或激励性价值观对行为的影响更为显著。当个人的工作价值观与组织相契合程度不同时，工作价值观中的积极因子的作用不同，从而导致不同水平的离职行为（Rosenblatt & Ruvio，1996）；当个人的价值观与组织无法适配时，会导致员工工作的不满足，从而产生离职倾向（Brenner et al.，1988）。工作价值观是员工职业抉择的核心，当员工发现与组织的氛围不相融合时，就容易导致离职或者跳槽的行为产生（陈东健等，2009）。不仅是离职行为，工作价值观和员工的其他工作产出也具有相关性。员工的工作价值观对其行为具有激励作用（倪陈明等，2000）。例如，工作价值观中的积极因子对工作行为表现（Gerhard，2011）、组织公民行为、工作满意、组织承诺（Feather & Rauter，2004）、工作投入有着促进作用。在团队工作的情境下，员工的工作价值观也影响其工作行为（Glewl，2009），这里的工作行为主要表现为工作绩效。工作价值观还会以工作满意度或薪酬满意度为中介影响工作绩效或离职行为（Fishbein，1998；Christina et al.，2010）。其中，工作价值观与工作满意度、工作绩效、员工的积极情感呈正相关，与离职意图和员工消极情感呈负相关（George & Jones，1996）。

近几年，有学者开始探索工作价值观对创新行为和建言行为的影响关系。任华亮等（2015）验证了能力与成长工作价值观对创新行为产生显著的正向影响；创新氛围和工作自主性及其交互性都对能力与成长工作价值观和创新行为之间的关系起到正向调节作用。詹小慧、杨东涛和栾贞增（2016）运用特质理论和组织支持理论，发现在工作价值观的3个维度中，舒适与安全负向影响促进性建言和抑制性建言，能力与成长、地位与独立正向影响促进性建言和抑制性建言。此外，组织支持感显著调节了工作价值观对员工建言行为的影响，其中，组织支持感削弱了舒适与安全对促进性建言和抑制性建言的影响，增强了能力与成长、地位与独立分别对促进性建言和抑制性建言所产生的影响。此后，栾贞增等（2017）从代际视角出发，发现"80后"比"60后"更重视能力与成长，而且能力与成长、地位与独立对建言行为有显著正向影响；安全与舒适只对促进性建言有显著负向影响；不同代际群体间工作价值观对建言行为的影响没有显著差异。

（2）工作价值观与工作绩效。Fishbein（1998）认为，工作价值观会通过工作满意度的中介作用对工作绩效产生影响。工作绩效是一种工作行为产生的结果，想要获得好的结果，就要靠工作行为的过程和工作价值观来保证。因为员工在工作之初的工作动机本身就是工作价值观的内容，所以工作价值观与工作绩效存在明显的相关性。在工作过程中，如果员工追求的工作目的和意义中包含有衡量标准和价值判断即工作价值观的内涵，那么员工的工作绩效也会受到这些价值观内涵的实质化影响，并且这种影响将持续较长时间，因此整个工作过程也涵盖了工作价值观的影响（Locke & Henne，1986）。

进一步而言，基于代际差异视角，有学者分析和验证了工作价值观在不同代际群体（"60后""70后""80后"和"90后"）的差异性，以及不同代际群体间工作价值观对创新绩效的差异化影响。研究结果发现，工作价值观的不同维度存在着显著的代际差异，"80后"比"60后"更加重视安全与舒适、能力与成长和地位与独立价值观；"80后"比"70后"更加重视能力与成长价值观；工作价值观的能力与成长、地位与独立价值观维度及创新绩效存在着显著的正向关系；在"60后""70后"两代之间工作价值观的各维度对创新绩效的影响存在显著差异；"80后""60后"两代之间的地位与独立价值观对创新绩效的影响存在显著差异。同时，有学者研究发现工作价值观的能力与成长、地位与独立价值观等维度对创新绩效存在着显著的正向影响（栾贞增等，2017）。

总结已有研究成果，大致归纳为以下三个方面：一是阐述了工作价值观对工作绩效影响的机制。认为工作价值观首先是通过影响工作态度再对工作结果产生影响，其机制表现为"工作价值观—工作态度（工作满意度）—工作结果（工作绩效）"（侯烜方、卢福财，2018；Sagie, Elizur & Koslowsky, 1996；Fishbein, 1967）。二是研究表明工作价值观对不同方面的工作绩效产生不同的影响效应。例如，以办公室人员和一线制造工人为调查样本，研究表明工作价值观与缺勤程度没有关联，但与绩效评价、完工时效都存在中度相关性（侯烜方等，2014；Shpira & Griffith, 1990）。三是研究并未表明两者存在关联。例如，研究发现制造工人的出勤、缺勤和绩效记录与工作价值观的相关性不显著（李燕萍、侯烜方，2012；Meglino et al., 1989）。四是对不同代际群体的工作价值观差异的实证研究尚有矛盾。例如，Hansen等（2012）发现，工作价值观在安全、自我实现和利他维度上不存在代际差异。与之相反，Twenge等（2010）则认为，安全和舒适价值观维度在年青一代群体中被重视程度显著增加。

综上，虽然国内外学者对员工工作价值观与其工作产出的影响关系进行了一些研究，但工作价值观对工作产出的影响路径及其作用机理却仍然存在争议，还有待深入探析。同时，由于研究样本或对象的差异，现有的研究结论对新生代员工这一新兴群体是否具有解释力，仍然需要进一步加以探讨。

3. 工作价值观与组织社会化

社会化（socialization）是指新员工学习和适应一个团队、组织或者社会的价值观体系和规范，以及所需的行为模式（Schein, 1968）。已有的组织社会化文献讨论了社会化阶段模型（Wanous，1980）、组织用于教诲新员工的策略（Van Maanen & Schein，1979）以及社会化过程，例如创造意义（Louis，1980）和新员工的主动行为（Morrison，1993；Reichers，1987），但是还没有广泛聚焦在与组织希望员工（或者员工自身希望）去学习的信息类别相关的那些阶段或者策略上。工作价值观作为组织生活中新员工必须去学习构建的一个方面，然而，共享价值观代表了组织文化中另外一方面的意义（Schein，1985；Wiener，1988）。因此，可以揭示出新员工在不同环境下具有不同工作价值观结构的研究，将为调整其组织和工作团队的价值观提供理论参考（Dose，1997）。

已有研究表明，组织社会化策略与个体的工作价值观密切相关。Ronit 等（2000）和 Van Vianen（2000）认为组织社会化的过程就是个体认同组织的规范和价值观并将其内化（internalize）的一个持续过程。基于社会学习观点，Ostroff（1992）和 Chao（1994）认为组织社会化就是新员工对相关工作技能、组织规范和价值观进行学习的过程。在这个学习过程中，个体融入组织情境程度受到工作价值观的重要影响（Rousseau，1990）。因此，众多研究表明，组织应当运用差异化的组织社会化策略以改变员工的或是期望的工作价值观。Daniel（2001）研究认为，组织社会化策略最终结果是实现个体价值观与组织价值观、文化的匹配和融合（Kim et al.，2005）。可见，个体工作价值观既是实现组织社会化的重要影响因素，也是组织社会化的目标与结果，贯穿于组织社会化的始终。

总结国内外已有文献，本书发现有两个要点可以说明组织社会化与工作价值观的关系。第一，组织通常不必在其员工中创造出全新的价值观体系。个体在入职初期，会被具有社会贡献的组织所吸引（Schneider，1987）。类似的选择理论的相关文献表明，面试人员更偏好那些与其具有相似价值观的应聘者（Rynes & Gerhart，1990；Word, Zanna & Cooper，1974）。然而，组织通常是由那些至少在个性、社会经济背景和价值观方面有差异的个体组成。不确定的经济条件、对特殊专业规范的忠诚、意向员工或者组织代表对其他组织不切实际的看法，以及由于大量个体人数导致的自然差异，反映了个体的不均等性以及某些社会化还处在有序中（Dose，1997）。第二，个体通常不会受到社会化意图的影响。虽然许多传统的阶段模型（Buchanan，1974；

Feldman，1976）假设新员工在社会化过程中调整新的价值观，但是目前的研究（Adkins，1992；Ravlin，Meglino & Adkins，1989）表明社会化的进程并未导致个体工作价值观的改变。Bell 和 Staw（1987）也支持这个观点，认为组织的影响并不是我们以往想象的那么显著。有研究强调（Chao，Kozlowski，Major & Gardner，1994；Morrison，1993），新员工的角色重在信息获取或者学习过程，然而，获取信息并不意味着必须同化它。可见，现有文献较多地支持了西方文化背景下组织社会化策略对新员工工作价值观的影响，这些研究结论在中国情境下还需要进一步拓展。

二、内在动机的相关综述

（一）内在动机的结构与测量

内在动机的结构维度与测量的相关研究主要包括以下两个方面：

1. 内在动机的结构维度

Csikszentmihalyi（2000）认为乐趣是内在动机的关键因素，并为激励个体接受任务而获得成就感带来内在动力。学者普遍认为，内在动机的核心组成部分包括自我决心、认知和胜任感的情感成分（Deci & Ryan，1985），而兴趣和好奇心满足，以及兴奋的行为是情感体验的过程中相互关联的内在动机。基于以往内在动机研究理论的总结，Anlabile（1994）确定了内在动机的五个维度，包括胜任、工作涉入、自我决定、好奇心和兴趣。Lier（1996）认为内在动机由两个层次构建，即包含意图、情感和精力的基础层，以及在此基础上的选择和感知成分。Lerand（1997）研究表明，内在动机由三个维度构成，分别为经历成就、获得了解、刺激体验。Lesser 和 Madabhushi（2001）研究肯定了 White 与 Berlyne 的二维度的内在动机理论，包括探索和好奇心满足、胜任。其中探索和好奇心满足的过程享受具有情境特征，体现了内在动机的情感成分，而胜任则具有持久性和稳定性的特点，体现了内在动机的认知成分。

在国内的学者中，张剑和郭德俊（2003）以我国企业员工为研究对象，结果表明自我决心、胜任追求、良好的合作关系、他人评价、外在的奖励五维度构建了我国员工的工作动机，其中前三个维度构建了工作的内在动机。

基于重庆企业员工样本，张炼（2003）研究表明，员工的工作内在动机由学习、掌握、发展和成就等维度组成。兴趣或乐趣在我国的员工内在动机中体现得较少，而这些却是外国学者们普遍提到的内在动机因素，这反映出在中国的经济社会环境和劳动力市场情况下，员工较少地体会和享受工作的乐趣，工作更多是为了生计。

2. 内在动机的测量工具

基于以往关于内在动机的理论成果，Guay 和 Vallerand（2000）总结出了测量内在动机的自评法和行为法两种方法。行为法一般运用于心理学实验研究，主要是指当外部刺激消失时，行为保持的时间即为内在动机的强度。在实验研究中，行为法具有较高的重测信度，但这种方法并不能区分内在动机的不同维度和自我验证理论的认同、内向投射、整合动机。另外，该方法虽然适合实验研究，但由于在实际操作中不能完全排除外部因素的影响而忽略了行为的自由选择，因此该方法对于这种工作场所的特定领域的研究却并不合适。

基于以上原因，自评法多运用于工作场所开展的内在动机的研究。总结已有的内在动机量表，Guay 和 Vallerand 研究获得了胜任反应量表（Task Reaction Questiormaire，TRQ）（Mayo，1977）。采取 Likert7 点计分的 TRQ，包含内在动机的专注、成就、挑战、兴趣、愉悦、胜任、自主等维度，共计 23 个条目。该量表在实际研究中具有较高信度，内部一致性系数为 0.93。然而，对于情境层面的内在动机，Guay 和 Vallerand 认为 TRQ 并未验证内在动机的结构效度，而 23 个条目过于冗长却仅仅测量了内在动机的单维度结构，也未区分自我验证理论中的其他类型，例如外在动机。随后，MeAuley 等（1989）研究获得了内在动机测量问卷（Intrinsic Motivation Inventory，IMI）。该量表测量了内在动机的愉悦、胜任、兴趣、努力以及压力和紧张（反向题）等维度，但在实证研究中 IMI 的拟合优度指标 GFI 仅为 0.8，未达到 0.9 的有效性标准。

Deci（1987）认为测量内在动机应当明确区分其前因变量和结果变量维度。TRQ 中的胜任和自我层面是内在动机的前因变量维度，而 IMI 中的努力维度则为内在动机的结果变量维度。Vallerand（1997）研究得出了内在动机量表（Intrinsic Motivation Scale，IMS），用以测量内在动机具有较高相关性的三个维度，包括工作本身的乐趣、学习的乐趣、获得成就的乐趣。由此，Guay 和 Vallerand 经过实证研究获得了由两个维度（包括兴趣和参与工作的内在动因）、4 个条目构成的具有良好信效度的情境动机量表（Situational Motivation Scale，SIMS）。此外，Tierney 等（1999）开发的 5 个条目量表，包括"我喜欢开动脑筋想新产品方案"等，以及 Grant（2008）开发的 4 个条目量表，包括"因为我对我所从事的工作本身很感兴趣"等，都在研究中表现出良好的信效度。在这期间，国内学者也开展了关于内在动机量表的探索研究。例如，王斌（2007）根据 Amabile 等开发的量表修订了"工作偏好量表"，包括"内在动机"和"外在动机"两个分量表。为进一步检验量表的情境适应性和有效性，Zhang 和 Bartol（2010）研究验证了 3 个条目的内在动机量表，其信度系数超过 0.9，本书也将采用该量表测量内在动机。

（二）内在动机的主要相关研究

1. 内在动机的影响因素

已有文献关于内在动机的相关研究，主要体现在工作因素对员工内在动机的影响，其中工作因素主要包括工作环境、工作内容和文化。

（1）工作环境对内在动机的影响。自我验证理论表明，当员工的胜任、自主和关系三类先天心理需求得到满足时，工作环境将会促进员工的自发动机和内在动机，尤其表现在企业管理者的领导风格更倾向于支持员工。管理者自主性的领导风格将促进员工的内在动机，进而获得积极的工作态度、心理幸福感和组织承诺，以及持续的高绩效表现。相反，如果管理者的领导风格倾向于控制和约束，则将削弱员工的内在动机。Deci 等（1989）研究发现，企业管理者对员工的自主支持，包括对员工观点的认同，并以一种非控制的方式传递信息，进而给予鼓励和选择，这有助于促进员工的内在动机。

除领导风格外，Deci 等基于认知评价理论，研究认为提供更多的参与机会等积极支持型的外部环境因素会促进员工的内在动机，而组织中的工作期限、物质报酬、评价、监督等控制性的外部环境因素则会削弱内在动机。Tripathi（1992）通过规范研究验证了员工的内在动机受到组织中的竞争环境的影响，结果表明直接竞争环境（例如，与组织其他成员的绩效竞争比较）将削弱员工的内在动机，而间接竞争环境（例如，与明确的客观标准或自我以往绩效进行比较）将促进员工的内在动机。

(2) 工作内容对内在动机的影响。工作特征结构模型包括工作自主性、技能多样性、工作重要性、工作完整性和工作反馈5个核心方面的工作特性，其主要关注内在动机受到工作内容的影响，并认为内在工作动机受到5个核心工作特征的显著影响。以制造企业的200名员工为被试对象，Robbins（1999）研究验证了以上结论。然而，以IT行业的从业者为被试对象，Thatcher等（2002）研究并未发现工作的完整性、重要性、工作反馈对内在动机存在显著的影响效应，仅有自主性、多样性对内在动机具有显著的正向影响效应。不同的研究产生差异化的结论，主要是因为有的研究选取了外部观察者的评价为自变量数据来源以获得相对客观的工作特性，而有的研究则通过自评法获得员工的工作特性，例如将员工主观感知到的工作特性视为自变量。同时，在不同的研究中，往往采用了不同的量表来测量相应的工作内容。

(3) 文化因素对内在动机的影响。Furnham（1990）研究表明，新教工作伦理强调采用积极主动的工作行为和相分离的外部激励或实用工作流程，其基本概念是积极参与和辛勤工作，这其中包含了内在动机的理念。以美国、匈牙利、日本三个国家为样本来源，Peterson开展了内在动机影响机制的跨文化研究。该研究基于工作特征理论和认知评价理论，以各国员工文化社会化差异的工作中心化、工作社会规范和工作价值观为自变量，并以内在动机为因变量，包括工作参与、工作满意度、个体的效能感三个维度，研究验证了内在动机影响机理的具有跨文化的一致性特征。

Steers等（2002）研究认为，员工内在动机受到文化因素的影响主要通过三个方面实现：一是由个人价值观、信念等因素构成的员工自我概念；二是工作规范、伦理道德，以及对成就的理解等因素；三是包括经济状况、社会经历、教育程度、政治法律体系等方面的环境因素。Peterson（2003）认为员工产生内在动机的重要诱因包括员工认可与工作参与相匹配的行为规范和社会价值观，而工作特征理论和认知评价理论都忽略了员工内在动机受到文化因素的影响。在西方国家，新教工作伦理就已开始研究员工组织行为受到社会化的影响。

以选择的认知程度为研究视角，Iyengar和Devoe（2003）验证了员工内在动机受到文化差异的影响效应。结果表明基于个体利益道德模式和自主选择者的个人主义文化，以独立的自我为中心，由于个体选择与自我目标通常互相匹配，所以员工的内在动机往往表现出较高水平。然而，基于义务道德模式和义务选择者的集体主义文化，则以人际自我为前提，因此员工的内在动机通常表现出较低水平。随后，运用澳大利亚和毛里求斯的企业样本，Lee-Ross（2005）研究表明，内在动机受到文化差异和工作特征认知的影响并无差异，在特定的文化背景下，高水平的工作特性认知也可能导致较低水平的内在动机。以保加利亚企业员工为研究对象，Deci 等（2001）基于自我验证理论研究探析了企业对员工自主性支持氛围对员工心理需求满足的影响效应。

2. 内在动机的中介效应

近几年来，国外学者关于内在动机的中介效应研究逐渐增多，例如 Guo 等（2014）探究显示，发展反馈对内在动机和工作绩效都有显著正向作用，同时，内在动机在发展反馈与工作绩效之间有部分中介作用。Wassenaar（2015）的研究结果表明技能利用率和内在动机将高参与过程转化为员工绩效。Ramarajan 等（2016）发现身份冲突和身份增强都分别对内在动机、观点采纳和销售绩效存在正向影响，且内在动机进一步中介于身份冲突、身份增强与销售绩效的关系。另外，Wang、Kim 和 Lee（2016）发现团队内在动机在认知多样性和团队创造力之间起中介作用，这样的效果在变革型领导力很强时是积极的，但是当变革型领导力很低时会变得消极。Gong 等（2017）认为内在和外在的动机取向相互协作加强个人创造力目标，个人创意目标反过来会带来渐进和激进的创造力。除了与增量创造力的线性间接关系，内在动机取向还通过个人创造力目标与激进创造力形成 U 形间接关系。Rockmann 等（2017）认为，就按需工作满足先天心理需求的程度而言，按需工作的个体将发展内在动机，这进一步导致与按需公司的组织认同。

同时，国内学者也开始关注内在动机的中介效应。例如，林钰莹、许灏颖和王震（2015）运用社会交换和自我决定理论，引入下属内在工作动机，考察领导—下属交换发挥调节作用的内在机制。结果表明，工作动机中介了公仆型领导与领导—下属交换交互项对下属创造力的影响。郭一蓉、李晓立和宋继文（2016）运用社会认知理论，验证了道德型领导能够激发下属的内在动机，并且下属的内在动机越高，其创造力水平就越高，内在动机完全中介了道德型领导与员工创造力之间的正相关关系。

3. 内在动机的调节效应和结果效应

关于内在动机的调节效应，国外学者得出了较新的研究成果，例如 Ohana（2016）对 154 组领导—员工配对数据进行了调查分析，结果发现团队建言显著预测团队公民行为，且受到内在动机和神经质的调节。Menges 等（2017）研究表明，当个体的内在动机较低时，其家庭动机会通过能量提高工作绩效。Ilies 等（2017）的调查结果显示，内在动机调节员工的日常工作投入与工作—家庭人际资本的关系。在结果效应方面，国内学者主要探索内在动机与创新相关变量的关系，例如创造力（江静、杨百寅，2014；郭一蓉、李晓立、宋继文，2016；潘静洲、娄雅婷、周文霞，2013）、创新绩效（李燚、黄蓉，2014）、创新行为（王辉、常阳，2017）等变量。此外，也有国内外学者探索了内在动机与员工绩效（李伟、梅继霞，2013；李伟，2014；Guo et al., 2014；Wassenaar, 2015；侯烜方、卢福财，2018）、组织承诺（张旭、樊耘、黄敏萍，2013）、组织认同（Rockmann et al.,2017）等方面的关系。

综上，基于多种理论视角，已有研究探讨了不同文化因素对内在动机的成因、中介作用和影响效应，有助于深入了解和分析员工内在动机在不同社会文化背景下的影响机理，这也为如何在全球化背景下更加有效地激励跨国企业的员工提供了理论和实践参考。然而，已有研究成果鲜有在中国情境下获得检验或应用，聚焦新生代员工群体的研究更是缺乏。另外，关于员工的内在动机对行为表现和绩效水平的影响及其机制研究，国内外学者较少涉及，而这些领域正是目前组织管理和企业发展的重要议题。

三、组织文化的相关综述

（一）组织文化的分类与测量

组织文化的分类与测量从以下两个方面论述：

1. 组织文化的分类

通过对组织文化的分类，可以帮助我们更准确地了解和掌握本组织的文化特性和组织之间的文化差异，以及更加充分地认识到本组织的文化与其相关要素进行合理匹配的重要性。按照不同的标准，众多学者对组织文化的类型进行了不同的划分。

Ansoff（1979）按照组织的发展策略与导向将组织文化分为五种类型。探索型文化（exploring culture）：组织可以接受众多改变，并考虑利益与风险之间的交互转化；稳定型文化（stable culture）：组织不接受任何改变，规避风险；创造型文化（creative culture）：组织不停追求创新，敢于冒未曾经历的风险；被动型文化（reactive culture）：组织不愿接受改变，或只接受最小的风险；参与型文化（anticipating culture）：组织接受适度的改变，允许承担一定的风险。

Deal 和 Kennedy（1982）将组织文化分为四种类型，其主要依据是组织及其员工在决策（或策略制定）成功后获得的反馈速度和组织经营活动所承受的风险程度。努力工作/尽情享乐文化（work hard/play hard culture）：一种风险程度低的组织文化。员工偏好实施低风险、迅速回馈的方式获得成功，具有坚持到底的工作态度，享受工作和娱乐兼顾的生活。过程型文化（process culture）：也被称为官僚型组织文化。员工对所有事情都采取消极的工作态度，只承受较低的风险，不主动变革创新，只按照规定流程办事。赌注型文化（bet your-company）：承担的风险高，影响的层面广，而回馈却缓慢的组织文化。不随便作出决策，一旦作出决策，其包含很大的赌注，要经过多年才知成败。大男子主义/硬汉文化（macho culture/tough-guy）：是一种风险程度高的组织文化。组织成员喜欢具有挑战性且风险高的工作，工作追求完美，强调个人主义和快速反馈，这也导致员工的流动率太高。

Wallach（1983）提出的三类组织文化。创新型文化（innovative culture）：组织内的工作通常充满了风险和创造性，具有野心或企业家精神的员工在这种组织文化氛围下易于取得成功。这类文化的环境通常具有动态性，变化较为激烈。官僚型文化（bureaucratic culture）：这种类型的组织文化通常是建立在权力和控制的基础上，在这种文化氛围下的组织通常具有稳定、谨慎、成熟的特征。组织内的工作强调系统化和固定化，员工拥有明确的授权和承担具体的责任。支持型文化（supportive culture）：这是一种重开放、和谐的工作环境，组织中的员工像是生活在一个大家庭一样，组织成员在组织工作中具有高度的支持、公平、鼓励开放、关系导向式的工作环境。

Goffee 和 Jones（1996，1998）认为人们由社交性（sociability）和一致性（solidarity）两种行为方式产生联系，并根据社交性和一致性（双 S）矩阵模型将组织文化分为四种类型。散裂型文化（spallation culture）：这类组织文化给予组织成员最大的工作自由度与弹性，重视组织成员的专业与智慧，以及员工个人的生产力与绩效，但员工对组织的认同感相当低，甚至没有认同感，不重视组织目标，是一种低团结性、低社交性的文化。图利型文化（mercenary culture）：这类组织文化关注工作本身的乐趣和意义，聚焦利益分享。组织管理者具有克服冲突接受变革的勇气与胆量，不重过程只看结果，在竞争激烈的环境下，愿意为股东、员工和客户创造价值财富，员工工作具有明确的努力方向，并在公平环境下体现工作热情，是一种高团结性、低社交性的文化。网络型文化（network culture）：这类组织文化最适合具有报酬不确定性和高度复杂性特征的企业。员工重视耐心与容忍度，信息流通快速顺畅，彼此相信，相互帮助，可以学习组织中其他成员的工作经验，是一种低团结性、高社交性文化。共有型文化（mutual culture）：这类组织文化可以促进组织的有效运作和满足员工的工作成就感。组织的领导者具有领袖魅力，善于鼓舞人心，以热情与愿景领导组织，是图利型文化和网络型文化的结合体，利于组织专注目标和加深情感承诺，是一种高团结性、高社交性文化。

Quinn 和 Cameron（1998）基于竞争价值观框架，提出组织文化的四种类型。活力型文化（active culture）：该组织文化以创造未来、征服环境与理想主义为基本假设，假定创意、直觉与革新等直觉式的信息处理过程，是实现资源获得、外界支出与组织成长等组织优化目标的手段，强调企业精神，追求创新、冒险与成长，并以不断地创新来适应组织内外环境的变化。宗族型文化（clan culture）：该组织文化的特征是重视组织成员之间和谐关系和组织凝聚力，组织成员共享成果和共担责任，并以集思广益与多元化的参与为目的，以人际关系、和谐共处和关怀支持为基本假设，假定参与、讨论及共识等集体式的信息处理过程，是实现良好的组织氛围和团队合作等提升组织凝聚力目标的有效方式。市场型文化（market culture）：该组织文化的特征是强调具有竞争性的长期目标，以成就为导向，以追求组织的高生产率与高效率为目的，并以追求客观、效率和工作导向为基本假设，假定目标的清晰、抉择的果断和方向的确定等个人化的信息处理过程，是实现生产力、效率与利润等改善组织业绩目标的方式。层级型文化（hierarchy culture）：该组织文化的特征是严密的结构化和高度的正式化，以稳定控制和执行法规为目的，并以层级控制、依法行事和追求稳定为基本假设，假定计算预评估、档案记录等正规化的信息处理过程，是实现稳定、协调与控制等维系组织目标的方式。

另有学者将组织文化的不同类型进行重新归纳和再定义，提出人本主义和竞争导向的组织文化。人本主义的组织文化强调和谐的重要性以及员工之间的互动合作，在此组织中，员工相互支持和帮助，对他人的意见和建议感兴趣，在涉及他人的决策中考虑别人，关心他人的需要（Cook & Hartmann，1989）。Wallach 的支持型文化指的是组织就像家庭的延伸，具有开放、温暖、和谐的环境，且组织内成员非常友好、公平。Goffee 和 Jones（1998）界定了组织文化的社交性维度，认为它并非工具性的，而是感情关系的衡量。在人本主义的组织文化中，和谐、关爱的价值观和政策不仅适用于员工，也适用于其他利益相关者（Maigan，1999）。在竞争导向的组织文化中，员工的竞争获胜和个人成功是组织关注的重点（Kilman & Saxton，1983；Cooke & Rousseau，1988），组织通常具有明晰的绩效考核制度，团队充满竞争氛围，员工注重提升自我业绩。因此，一个以内部竞争导向为组织文化特征的企业往往鼓励员工取得更高的绩效（Cooke & Hartmann，1989）。

2. 组织文化的测量

Hofstede（1990）研究表明组织文化可以被定量测量，并从计量有效的研究视角对其进行了论证。樊耘、李纪花和顾敏（2006）研究得出，组织文化由三个基本特征的文化现象构成，并认为这些可以被观测的文化现象反映了组织文化的变量特征，这为组织文化的定量测量奠定了理论基础。

事实上，国外学者关于组织文化测量量表已有不少研究成果。例如，在 20 世纪 50 年代，有国外学者研究得出的组织文化测量模型（Organizatonal Cuture Survey，OCS）（Glaser，1953），以及用于测量组织行为特征的组织文化量表（Organizational Culture Inventory，OCI）（Cooke & Lafferty，1956）。也有学者分别构建了用来测量组织行为形式和组织价值观的文化差异测量模型（Cuture Gap Survey，CGS）（Kilman & Saxton，1983）和组织信仰问卷（Organizational Beliefs Questionnaire，OBQ）（Sashkin & Fulmer，1985）。基于组织有效性的研究视角和竞争性价值观模型（Competing Values Model，CVM），Cameron 和 Quinn（1995）构建了组织文化评价量表（Organizational

Cultural Assessment Instrument，OCAI），这些研究通过建立组织文化量表对其进行定量测量、评估和诊断。

近 20 年来，以国外的理论模型和测量量表为研究基础，国内学者开展了组织文化的定量测量研究，并取得了一定的成果。郑伯壎（1990）以中国台湾的企业为样本来源，研究得出以科学、诚信、创新、绩效、顾客、共荣、团队、责任和友好 9 个维度构建的具有东方文化特色的组织文化价值观量表（Values in Organizational Culture Scale，VOCS）。基于 Hofstede 等的组织文化量表，有学者开展了关于中国组织文化结构维度的实证研究（占德干、张炳林，1996；马华维，2001）。

另外，陈维政等（2004）引用 Mannix 的组织文化量表来测量组织文化的经济和发展维度。王国顺等（2006）修正了 Dension 的 OCQ 量表中的子维度，并得出 9 个子维度的中国企业组织文化，这使国外组织文化测量量表更加符合中国企业的实际现状。以企业员工心理契约理论中的认同理论为研究视角，于珊和陈晓红（2008）验证了中国与美国企业员工的组织文化维度差异。近几年来，由清华大学经管学院发起的关于中外组织文化量化管理研究，应为我国具有较深意义的组织文化测量研究，该研究最终以八个维度、40 多个条目构建了组织文化的测量量表。

随着国内外学者不断深入地开展组织文化的定量测量研究，出现了"组织文化测量量表丛林"现象，其量表效度和理论基础成为学术界和管理实践关注的焦点（不同年代的组织文化的结构维度示例如表 2-2 所示），这也促使组织文化的定量测量成为组织文化定量研究的基础。

表 2-2　不同年代组织文化结构维度示例

年份	作者	维度数量	维度名称
1982	Deal 和 Kennedy	2	风险承受程度和对环境的反应速度
1983	Cooke 和 Lafferty	12	竞争、完美、认同、惯例、依靠、避免、反对、权力、成功、接受成员和自我实现等
	Wallach	3	创新文化、官僚文化和支持文化
1987	Glaser 等	5	氛围、包容、沟通、监督和审议

续表

年份	作者	维度数量	维度名称
1989	Sonnefiel	1	雇佣员工的特点
	O'reilly 等	8	团队合作和结果导向、支持性、竞争性、决定性、注重细节、成长、激励和创新冒险
1990	Schneider	2	现实性与可能性、人性化与非人性化
	Hofstede 等	9	实践方面的6个维度：员工与工作导向、过程与结果为导向、狭隘性与职业性、开放性与封闭性、控制的宽松性与严格性、规范性与务实性；价值观方面的3个维度：安全性、权威性、以工作为中心
1992	Kotter 和 Heskett	1	适应市场环境的程度
1995	Denison 和 Mishra	2	内部整合与外部导向、稳定与变化
1997	Trompernarrs 和 Tuerner	2	注重员工与任务、平等与层级
	Post 和 Conning	15	文化管理、变化处理、权力地位、管理风格、员工参与、目标明晰、任务结构、组织认同、重心与系统，以及以客户、绩效、人力资源、报酬等方面的导向
1998	Cameron 和 Quinn	2	变化与稳定、关注内部与外部
	Goffee 和 Jones	2	团结性、社交性
2005	Eric 和 Rangapriya	6	4个主维度：关注客户、员工、绩效标准、组织认同；2个次维度：人力资源实践、组织沟通

综上，组织文化的测量通常存在两种方法：一是测量组织文化的核心维度；二是基于核心维度来开展组织文化的分类研究，并通过已确立的不同类别来明确组织文化的测量内容。在组织文化的研究实践中，我们在选择测量方法时都应以组织文化特质为关键因素，力求最完整和真实地体现研究内容的组织文化本质。

（二）组织文化的主要相关研究

组织文化的相关研究主要从组织文化和企业高管价值观、领导有效性和员工行为态度、组织绩效和组织创新能力等几个方面的关系进行论述。

1. 组织文化与企业高管价值观

组织创始人的愿景和使命是组织文化形成的开始，也是组织文化的本源，创始人会通过描述组织预期形态的方式来建立组织的早期文化。同时，由于大多数新建立的组织规模较小，所以这也有助于组织的创始人向组织成员明确和灌输其构建的愿景（Robins，2004）。随着组织的成长和发展，组织创始人对组织的各项日常经营管理工作作出决策，当创始人的决策与组织环境彼此影响时，这些决策逐渐地塑造了组织文化（Scheinder，1995）。当组织创始人完成了组织文化的塑造以后，为适应组织内外部环境变化（Agle et al.，1999），组织的高管们也有可能调整那些已形成的组织文化（Kerr & Slocum，2005）。然而，不管如何改变，组织的领导或高管都对组织文化的形成和发展起着重要作用（Sehein，1992）。

企业高管价值观通过强化企业高管构建的企业组织架构、工作流程等组织体系，对组织文化产生影响，这些组织体系要素也奠定了组织文化的基础。由于价值观的差异，企业高管制定了不同内容的激励政策，Kerr和Slocum（2005）认为这也会导致不同的组织文化。同时，企业高管可以通过价值观深化组织的激励制度，进而影响组织文化。也有学者研究认为，"企业高管价值观—组织文化模型"（Seheinde，1987）通过"吸引—选择—磨合"（Attraction-Selection-Attrition，ASA）的路径实现影响效应，并认为ASA模型推动了组织内成员的组成，而体现组织文化的组织行为也因成员集体特征而产生。以企业CEO为研究对象，Berson（2008）开展了关于组织文化与这些高管价值观的实证关系研究，结果表明支持型组织文化与慈善价值观（benevolence）、官僚型组织文化与安全价值观（security）、创新型组织文化与自我价值观（self-directive）都存在显著相关性，这也充分验证了组织文化与企业高管价值观之间存在紧密的相互关系。

2. 组织文化与领导有效性、员工行为态度

有研究认为，组织文化并不嵌入于个体身上，而是外在于个体而存在（田广、汪一帆，2014），也就是说组织文化的表现和维护最终都是通过个体意义建构实现的（尹波等，2018）。因此，领导者作为组织文化的创建者与传播者和其发展的主要动力（赵书松、谭蓓菁，2017），探究领导者和组织文化的相互关系显得格外重要。已有国内学者从意义建构理论和权变理论探讨了不同组织文化下环境不确定性对领导有效性的效用，发现不同的组织文化在以上关系中的作用过程和作用路径都不尽相同（谭乐、宋合义、杨晓，

2016）。不仅如此，环境不确定性、组织类型、组织文化还交互影响着领导有效性（包括动态能力和组织绩效）。

关于组织文化与员工行为态度的关系研究，樊耘等（2014）发现组织文化在塑造员工态度与行为上发挥着重要作用。在关注员工发展的组织文化中，员工更能感受到组织重视员工的价值观，因而更加信任组织，也更愿意在这样的企业中工作（席猛等，2015）。在这样的环境中，成员更易建立起对组织的认同感，而这种认同感恰恰是检验组织文化有效性的主要校标（曲庆等，2018）。此外，学者们研究表明，组织文化与工作态度（祝小宁、康健、刘宇，2017）、信息分享（成瑾、白海青，2013）、下属沉默（席猛等，2015）、知识分享（李燕萍、刘宗华、林叶，2016）、组织承诺（张玮、刘延平，2015）、创造力（王春国、陈刚，2018）等方面存在良好的相关性。

3. 组织文化与组织绩效、战略和社会责任

在国内外关于组织文化的研究中，组织文化与组织绩效的关系研究广受关注。组织文化虽然不能给组织直接创造经济效益，但能通过影响组织内外不同的利益相关者的态度和行为，间接影响组织绩效，进而推动组织的成长和发展。它具有强大的生命力和扩张力，是一种影响深远的文化生产力（卢美月、张文贤，2006）。

Schein（1985）研究表明，组织文化既可以整合组织内部的各个要素，也可以帮助组织更好地适应外部环境。良好的组织文化利于组织树立和维护品牌形象，提升员工的凝聚力和工作效率，从而降低组织管理成本，最终增强组织的核心竞争力。当组织文化产生的效益大于组织管理成本时，组织文化便为组织创造了价值，进而推动了组织绩效的实现。关于组织文化对组织绩效的影响路径，Scheider（1990）研究表明，组织文化先通过人力资源的管理实践对组织氛围实施影响，组织氛围再以员工的工作态度和利他行为作为中介变量最终影响组织绩效。在此影响路径中，也有学者认同了该结论，认为组织文化以人力资源管理体系和组织氛围等因素为中介变量对组织绩效实施影响，并强调了权变组织文化的重要性（Ferris et al., 1992）。另外，Grisaffe（2000）认为组织的财务绩效受到员工、客户及其他利益相关者行为的影响，而组织文化不仅影响员工的认知和行为，还会影响客户及其他利益相关者的态度和抉择，可见组织文化通过相关中介变量对组织的财务绩效实施影响。

国内关于组织文化与组织绩效的关系研究中，贾春旺（1997）基于组织的核心竞争力理念提出了组织的文化力概念，并认为在核心价值理念驱动下，组织能将组织文化的内隐价值转化为实际的经济效益。在组织实践中，组织文化在员工向利益相关者和利益相关者向客户传递是整个传递过程的核心。基于利益相关者研究视角（Grisaffe，2000），吴志霞（2006）研究认为，组织文化不仅会直接影响所有的利益相关者，还会通过利益相关者之间的传递间接影响组织的利益相关者，这些直接和间接的作用也会影响利益相关者的行为，进而影响组织绩效。

此外，组织文化对静态的组织绩效有直接或间接的影响（侯烜方、卢福财，2018），同时对企业战略和长远发展也有作用。已有学者研究认为，企业文化从利益导向型向可持续导向型的转变对企业长期发展有重要意义（赵书松、谭蓓菁，2017）。当组织文化发生冲突并产生权力斗争时，会对企业战略产生难以预知的影响（魏亚欣、杨斌，2015）。Maignan 和 Ferrell（2001）将组织文化划分为市场导向的文化、人本导向的文化和竞争导向的文化三个维度，并研究表明不同维度的文化对企业社会责任的影响效度不同，这一结论也得到了国内研究的验证（胡杨成、邓丽明，2013）。可见，在同样的外部环境条件下，组织文化的差异将带来不同的组织行为。

4. 组织文化与组织创新能力

已有众多学者研究发现，组织文化对组织的创新能力具有显著的影响效应。随着全球化和市场化的不断深入，不论在理论研究还是管理实践中，组织创新都成为热点话题，不少国外学者以不同的企业为研究样本，验证了组织文化对组织创新能力具有重要的影响作用（Danes et al.，2008；Merrill，2008；Schlegelmilch et al.，2003）。例如，20 世纪 80 年代，有学者认为组织文化中关于创新接受程度的结构维度可以显著地影响组织的创新能力（Kimberly，1981；Rogers，1983）。以日本企业为样本来源，Deshpande 等（1993）开展了组织创新能力与组织文化的实证关系研究，得出组织创新能力与组织文化中的灵活、团队、市场和层级等文化维度都存在紧密的相互关系，具体表现为组织的创新能力与市场和灵活文化维度呈显著的正向相关性，组织的创新能力与层级和团队文化维度呈显著的负向相关性。其中，组织创新能力受到组织文化中的市场文化维度的影响最强，而组织创新能力受到层级文化维度的影响作用最弱。

通过梳理国内研究组织文化的相关文献，本书发现中国企业的组织文化同样对组织的创新能力具有重要的影响作用（谢铁华，2008；李同修，2008；王锋、李锦学，2010）。李垣等（2005）以 Wallach 的三维度组织文化模式（Wallach，1983）为理论基础，分别探析了组织文化的创新型文化、支持型文化和官僚型文化与组织的自主创新和合作创新能力的关系。该研究发现，组织创新型文化阻碍组织合作创新能力而促进自主创新能力；组织支持型文化同时促进组织的自主创新和合作创新能力；组织官僚型文化对组织自主创新和合作创新能力都起到阻碍作用。因此，不同的企业文化特征影响着企业的创新方式。基于中国本土企业样本，郑畅达（2007）研究表明，团队和层级文化维度与企业的创新能力呈负相关，而组织文化中的灵活与市场文化维度与组织的创新能力呈正相关，这与 Deshpande 等（1993）的研究结论相符。可见，关于组织文化与组织创新能力的关系研究，国内外学者的研究结论都认为两者存在显著相关性。此外，组织文化的不同维度产生的调节效应也有差异。例如，组织文化中的团队文化和外倾文化维度能正向调节创新自我效能与员工创造力之间的关系；层级文化能负向调节创新自我效能与员工创造力之间的关系（王春国、陈刚，2018）。

综上，已有研究表明组织文化的多维度结构会对结果变量带来差异化影响，因此，学者们往往根据研究的具体内容选择组织文化的某些维度作为研究对象。众多研究表明，竞争导向和人本主义两个维度的组织文化对管理实践具有显著影响（Chow & Shan，2007）。然而，鲜有研究同时探索竞争导向和人本主义等组织文化的两个维度对影响机制的边界效应，尤其是强调明晰奖惩制度和内部竞争氛围的竞争导向文化，如何影响注重情感体验和个性需求的新生代员工做好角色内工作，而尊重员工内在需求和鼓励团队互动合作的人本主义文化，又是如何影响追求利益回报和持续发展的新生代员工实施更高的角色外绩效，这些问题都尚未得到验证。因此，本书分别检验组织文化的竞争导向和人本主义等两个维度对新生代员工绩效表现的情境化影响效应。

四、工作绩效的相关综述

(一) 角色内绩效和角色外绩效

工作绩效是指组织管理层对员工的目标期望以及为了使员工提高工作效率的目标导向计划的实现程度的具体描述。对企业来说,工作绩效是指工作任务在数量、质量和效率等方面的完成情况;对组织成员而言,工作绩效包括个人的工作结果和上级、同事对工作结果的评价。虽然国内外学术界关于工作绩效的分类存在众多结论,但本书认为,将工作绩效划分为角色内绩效和角色外绩效,既包含个体对本职工作完成结果的描述,也包括个体在组织中做出的工作任务以外的所有利于组织发展的绩效表现。因此,本书将角色内绩效和角色外绩效作为评价新生代员工工作绩效的维度。

以往学者认为,角色内绩效是完成与特定工作相关的工作职责和责任(Murphy & Sharella, 1997),也是达到或超过工作岗位所设定的标准数量和质量的绩效(Katz & Kahn, 1978;Welbourne, Johnson & Erez, 1998)。角色外绩效是由一系列有利于组织的角色外行为或非正式的合作行为所构成。它与正式奖励制度无任何关联,也不由劳动报酬引出,是非正式角色所要求的组织员工与工作有关的自主行为(Williams & Anderson, 1991)。

角色内绩效与工作岗位所规定的行为或特定的工作熟练有关,主要包括两类行为:一是直接为组织提供生产或服务的行为;二是间接为核心业务正常运行提供物资或者服务的行为,以及促进计划、协调、监督等组织管理活动有效运行的行为(孙健敏、王碧英,2009)。Van Dyne 等(1995)将角色外绩效划分为四个具体的角色外行为:积极组织行为、组织公民行为、吹风行为、原则性的组织分歧。可见,角色内绩效与任务绩效、技术绩效,以及角色外绩效与积极组织行为、组织公民行为、情境绩效等行为绩效都存在内涵上的重叠。

从概念上分析,角色内绩效和角色外绩效也存在以下几个方面的差异:一是角色内绩效直接指向组织的技术层面,而角色外绩效与技术层面所在的组织、社会和心理环境紧密关联;二是由于不同的工作在要求和内容方面有所不同,因此角色内绩效在组织中不同的工作和职位中存在差异。然而,角色外绩效在组织中的表现情况具有共性，都是由有利于组织的非正式的角色外行为构成；三是角色内绩效的基本因素包括个体的知识和技能，这些因素也是员工熟练完成本职工作的基本保障。对于角色外绩效而言，个体的助人、自愿、合作、坚持等动机和人格特征与其密切相关。

随着我国社会主义市场经济的不断深入发展，组织管理者对员工的绩效管理不仅需要掌握员工完成本职工作的绩效情况，也应该注重维持组织核心工作得以完成的心理、社会和组织环境（王辉、李晓轩、罗胜强，2003）。因此，本书将新生代员工的角色外绩效和角色内绩效作为研究重点，全面探析新生代员工在职场中的绩效表现。

(二) 工作绩效的主要相关研究

本书聚焦新生代员工个体层次的工作绩效，并通过总结和分析国内外有关员工绩效影响因素的研究，更好地发现和探明提升员工绩效的有效途径。

1. 国外相关研究

国外关于员工绩效影响因素的研究具体从以下几个方面展开论述：

（1）员工的胜任力、人格特征和心理行为。Hunter 模型是早期支持胜任力绩效论的典型代表。该模型认为，上级对员工的绩效评估会受到员工的工作知识和任务熟练度的直接影响，其中工作知识产生的影响更大。此后，为提高 Hunter 模型的解释度，有学者在该模型的基础上对其进行扩展研究。例如，Schmidt、Hunter 和 Outerbridge（1986）等以员工的工作经验为调节变量，来检验其在工作知识对绩效影响中的调节效应。在 Hunter 模型的基础上，Borman、White 和 Dorsey（1995）加入了被试的人际关系和个性特征等变量，结果表明除员工的能力、知识和任务熟练度对绩效评价产生影响外，被试的人际关系和个性特征等变量在上级评价和同事评价的模型中也存在显著影响效应。

关于人格特征对个体绩效的影响关系，学者通常采用"大五"人格维度对绩效的影响程度进行预测分析。Motowidlo 和 Van Scotter（1997）分别对个体因素变量与任务绩效和情境绩效进行了验证，研究表明人格特征变量与情境绩效显著相关，并且远高于与任务绩效的相关性，而工作经验变量与任务绩效显著相关，并远高于与情境绩效的相关性，可见情境绩效和任务绩效具有不同的预测因子。Motowidlo 和 Van Scotter（2000）在后期的研究中将情境绩效进一步划分为工作奉献和人际促进两个维度，并验证了该维度存在不同的预测因子。该研究表明，工作经验、知识和能力对任务绩效具有较强的预测效度，而情境绩效中的人际促进绩效会受到人格特征中的外向性、随和性、积极情感和社会自信心的正向影响，工作奉献绩效会受到责任心、目标导向和对任务成就的期望的正向影响。Salgado（1997）以欧洲员工为研究对象，探析了个体人格特征对工作绩效的影响效应。结论表明，外向性对工作绩效不具有直接影响效应，开放性和随和性对培训绩效具有预测效应，而责任心和情绪稳定性对工作绩效具有最显著的预测效应。随后，Hurtz（2000）等也通过研究证实了以上结论适用于多数职业群体，并认为以人际关系为本源的绩效内容通常受到责任心和情绪稳定性的影响。

近些年来，越来越多的学者开始关注和研究心理行为因素对员工个体绩效产生的影响。例如，已有研究发现员工的组织公平感对工作绩效具有显著的预测效应，并通过实证研究检验了程序公平与任务绩效和情境绩效中的人际促进和工作奉献均呈现显著相关，还认为公平的环境有助于提高员工的任务绩效和情境绩效（Aryee，2004）。也有学者研究表明，互动公平与工作绩效存在显著相关性（Masterson，2000）。另外，Meyer等认为组织承诺对员工的工作绩效和行为表现产生影响，具体包括：持续承诺与工作绩效无关或呈负相关；感情承诺、规范承诺与工作绩效和组织公民行为呈正相关。

（2）工作设计和特性。Levine和Tyson（1990）研究发现，以团队为基础的工作设计可以建立和增强员工在团队中的互动关系和工作满意度，提升员工的工作自主性，并促进员工更多地参与到组织的内部决策中，进而提升员工绩效水平。此后，也有学者研究表明，工作设计中加入团队因素可以提高员工在组织内部决策的参与度，增进员工的工作期望和责任感（Campion et al.，1993），赋予员工更多的决策权以进一步激励员工，从而改善个体的绩效表现（Jones & Kato，2004）。Cordery等（1993）认为，作为工作重新设计的方法之一的工作轮调可以拓宽员工的工作范畴，丰富其工作经验和知识技能，进而调动员工的工作热情，增强工作满意度。Eriksson和Ortega（2006）通过研究也证实了工作轮调对员工产生的积极效应，认为工作论调不仅可以让员工体验和参与更加广泛的工作范畴，积累和汲取更多的人力资本和工作经验，组织管理者也可以更全面地了解和掌握员工所具备的综合技能以及在各项工作中的行为表现，以此提升员工与职位的适配度，进一步激发和提升员工的工作动机和绩效。

自 20 世纪 60 年代以来，工作特性成为该领域的研究热点（Griffin & McMahan，1994）。研究者通过对工作特性的界定和不同特性组合的研究，来进一步验证和探析这些工作特性对员工的激励效应，以及对员工的工作满意度和个体绩效的影响作用（Robbins，2001）。关于工作特性模式的研究，Hackman 和 Oldham（1992）认为工作特性应该强调执行任务的技能多样性，尽量保持工作的完整性，给予员工充分授权，并增加任务执行的进度反馈，以此来促进员工对工作意义和重要性的感受，增强员工的工作自主性和责任感，进而实现个体绩效的提升。此后，Robbins（2001）开展了工作特性模式和工作轮调的综合研究，认为工作核心要素会影响员工的主要心理状态，并间接影响个体的工作成果，当员工参与到工作核心要素得分越高的工作项目时，员工的工作满意度和满足感越高；工作轮调的设计方式可以使工作横向扩展，丰富不同单位和部门的工作内涵，这也可以逆向激发出员工更加多元化的工作技能，增强技能多样性这一工作核心要素的影响效应，从而满足员工对工作趣味性和挑战性的偏好，实现工作绩效的改善。

（3）员工与环境的匹配。通过对员工与环境的匹配研究，可以探析员工受到两者匹配度影响下的工作态度与行为表现，进而间接发现工作绩效受其影响的变化情况。综合以往研究成果来看，主要聚焦在员工与工作匹配，以及员工与组织匹配方面。具有代表性的成果包括：Brousseau（1983）研究得出了员工与工作关系动态模型，并认为个体差异、工作环境、工作年限以及职业动态等方面是影响该模型的重要因素；Chatman（1989）提出了员工与组织模型，该模型将员工与组织匹配定义为个体价值观与组织规范和价值观一致性；O'Reilly 和 Chatman（1991）在后期的研究中验证了员工与组织匹配可以有效促进组织文化对员工个体行为影响效应；Cable 等（1994）研究得出，当组织满足了员工需要时，员工对工作的满意度将有效提升，进而增强个体绩效表现。员工的工作偏好或需要与组织系统或结构之间的匹配，最能反映出员工与组织之间的相容性。然而，这类研究多数停留在理论探讨和模型构建阶段，开展的员工与环境的匹配，以及两者匹配度与工作绩效之间的相关度的实证研究尚存分歧，因此，该类研究成果在管理实践中的应用受到限制。

综上，国外学者认为，员工的个体绩效的影响因素主要包括员工的个体因素、工作设计和特征，以及员工与环境之间的匹配关系等方面。其中，员工的个体因素主要涉及员工自身具有的知识、技能和经验等方面的工作胜任力，以及以外倾性、随和性、开放性、情绪稳定性和责任心构建的"大五"人格为代表的人格特征，另外还包括了员工在公平情感和组织承诺等方面的个体内隐的心理行为。在工作设计和特征方面，主要强调组织管理者在工作设计中要以团队意愿为基础，集思广益和充分授权，让更多员工参与到组织内部决策，以及注重加强工作设计完整性和积极开展工作轮调。员工与环境的匹配重点突出了员工与工作、员工与组织之间的匹配对工作绩效的影响效应，反映出工作和岗位适配度、组织文化与员工价值观等内外环境因素与个体绩效之间存在紧密的内在关系。

然而，上述所有的国外研究都聚焦在员工工作绩效的某一个或几个影响因素上，仅从微观层面开展相应的研究和论述，并未探析不同影响因素之间的作用机制，以及各因素对工作绩效的影响路径，缺乏研究的整体性和系统性。同时，在研究对象上并未聚焦新生代员工群体，关于新生代员工的工作绩效及其影响因素的研究很鲜见。本书将以新生代员工的工作绩效为研究重点之一，尝试揭开个体绩效实现过程的暗箱，为有效开展新生代员工的绩效管理提供理论参考。

2. 国内相关研究

最近十几年，随着改革开放的不断深入，经济全球化助推我国社会主义市场经济持续发展，我国的企业管理实践和理论研究开始广泛关注企业绩效的相关问题。已有国内研究以中国企业的知识型员工为研究对象，深入开展了关于知识型员工的绩效特征的研究（李树丞、乐国玲，2004），并结合西方工作绩效成果（David & William, 1989）构建了中国员工的工作绩效影响因素模型，其中主要的9个绩效影响因素包括：工作动机、知识技能、机会、工作特征、工作资源、激励、工作环境、努力程度和组织承诺。为了进一步梳理和归纳工作绩效的影响因素，本书将从个体、领导、个体与组织匹配三个层面进行探析。

（1）在个体层次。国内学者主要探析了组织承诺、工作满意度、组织公平感、情绪智力及其他心理感知因素与工作绩效的影响关系。例如，李金波、许百华和张延燕（2006）以员工心理行为中的组织承诺对工作绩效的影响为研究内容，结果表明组织承诺对员工的离职倾向和离职率存在负向影响效应，可以增加角色内行为，进而对员工的工作绩效产生显著影响。同时，该研究实证表明感情承诺、持续承诺和规范承诺这三个维度都对离职意向产生直接影响，其中感情承诺和持续承诺直接影响角色内行为和情境绩效，而持续承诺和规范承诺则直接影响任务绩效。

同年，国内学者还分别开展了员工的工作满意度、组织公民行为与工作绩效的关系研究，结果表明员工的工作满意度和组织公民行为都与工作绩效存在相关性，并且工作满意度和组织公民行为都对工作效率具有显著的正向影响效应，由此可以进一步促进组织绩效的提高（胡月晓，2006；姚艳红、肖石英，2006）。此后，又有学者通过实证研究分析员工的组织公平感对工作绩效的影响机理，结果显示组织公平感不仅直接影响员工的工作绩效，还会通过组织承诺、领导与成员交换关系两个中介变量间接影响员工的工作绩效，并由此构建了组织公平感的分配公平、程序公平和互动公平三个维度对员工任务绩效和关系绩效的综合影响模型（汪新艳、廖建桥，2009）。另外，情绪智力（包括管理者和员工）对员工绩效的影响效应也得到验证（张辉华等，2009；张辉华、黄婷婷，2015）。在这些研究中，情绪智力不是直接作用于工作绩效，而是通过团队信任感知、朋友网络出度和入度中心等变量进行多重连续中介才能对工作绩效发挥效用。

近几年，在员工的其他心理感知方面的影响研究逐渐增多，例如员工感知到的差错反感文化（杜鹏程、李敏、王成城，2017）、胜任特征（仲理峰，2013）、幸福感（苏涛等，2018）、工作疏离感（孙秀明、孙遇春，2014）、生涯适应力（于海波、郑晓明，2013）都会对工作绩效产生影响。其中，感知到的差错反感文化、工作疏离感负向预测工作绩效；胜任特征、幸福感、生涯适应力能正向预测工作绩效，但不同变量的预测程度有所不同。也有研究表明，在跨文化组织中，员工感知的组织多元化管理既可以直接作用于工作绩效，也可以通过员工的文化智力作用于工作绩效（董临萍、李晓蓓、关涛，2018）。

（2）在领导层面。国内学者主要探析了破坏性领导、道德性领导、领导与下属交换及其他因素与工作绩效的影响效应。辱虐管理作为破坏性领导方式的表现之一，会对下属的发展造成阻碍，并影响员工的工作态度和效率（李育辉等，2016）。下属的工作绩效通过情绪、认知及资源依赖机制来影响上级的辱虐管理。反之，领导的辱虐行为又通过影响下属的心理痛苦（李育辉等，2016）、自我效能感（颜爱民、裴聪，2013）负向预测工作绩效。同时，也有研究表明，工作丰富化程度越高、工作意义越大或工作范围越广，辱虐管理对工作绩效的影响会越弱（颜爱民、裴聪，2013）。另外，也有研究认为道德型领导能带来下属积极的工作表现，提升员工的自我效能感。这种效能感作用于下属个体，使其产生更多的工作热情和工作积极性，促进下属产生高水平的角色内和角色外绩效，从而提升下属工作绩效（许彦妮、顾琴轩、蒋琬，2014；王震，2014）。

关于工作绩效的影响研究，国内学者开始关注组织的社会交换过程，特别是领导与下属交换。研究发现，领导与下属交换既可以直接促进下属的任务绩效提升，也可以通过下属创造力的提升间接促进任务绩效提升（许彦妮、顾琴轩、蒋琬，2014）。这是因为领导与下属交换能够提升下属的主人翁行为，从而正向作用于工作绩效（梅哲群等，2014）。不仅如此，领导与下属交换的质量还影响着人际关系中的冲突取向与和谐取向对工作绩效的作用关系（黄丽、陈维政，2015）。

在领导与下属的其他关系研究中，国内学者基于社会交换理论和强化理论发现，领导宽恕与员工工作绩效呈倒 U 形关系（张军伟、龙立荣，2016）；有研究基于资源保存视角，认为领导下属权力距离的差异会造成下属个体资源的消耗和可获得资源的减少，产生情绪衰竭，进而对其工作绩效带来负面影响（刘海洋等，2016）。尤其在中国高权力距离和以和为贵的文化背景下，下属传统性和上下级关系都会弱化辱虐管理（于维娜等，2015）；有学者基于组织社会化的交互视角，认为新员工所拥有的政治自我效能不仅会帮助他们化解组织政治潜在的消极影响，而且还有助于他们利用一些政治手段在组织中谋求长远发展，对他们的工作态度和行为起到积极作用（赵晨、高中华，2017）。例如，国企员工的一般性政治行为知觉和政治性薪酬和晋升政策知觉能同时降低其角色内绩效，但前者阻碍员工的组织公民行为，后者增加了组织公民行为的可能（瞿皎姣、曹霞、崔勋，2014）。

此外，也有国内学者从领导与下属的匹配视角开展相关研究。例如，基于角色理论，彭坚和王霄（2016）采用跨层次多项式回归和响应面分析技术，分析了领导者—追随者的追随原型一致性对工作绩效的影响及工作投入的中介作用，研究发现追随原型能否提升工作绩效主要取决于领导—追随双方的匹配情况。这与相关结论类似：高中华和赵晨（2014）从个人—组织契合理论的角度出发，收集了员工与直接主管的配对数据，得出了组织政治知觉通过影响员工的组织认同感，从而负向作用于任务绩效和组织公民行为；也有学者认为，当领导与下属的匹配产生后，领导的情感和动机会潜移默化地影响下属的工作态度和行为，随之而来的将是下属对领导和组织的认同，进而促进下属更多地回报领导，更好地维护群体利益，从而提升任务绩效（李晔、张文慧、龙立荣，2015）。

（3）在组织层次。相关研究主要验证了组织的支持、高绩效人力资源管理等因素对工作绩效的影响。例如，有国内学者认为，当重点考量员工的社会角色时，来自组织的支持可以极大地促进员工工作绩效的提升（张伶、连智华、聂婷，2017）。这是因为组织的支持可以给员工带来更多的资源和信息，使员工产生更多的被信任感和对组织的认同（孙利平、龙立荣、李梓一，2018），有助于提升员工的幸福感（陈春花、宋一晓，2014）、基于组织的自尊（张军伟、龙立荣、王桃林，2017），以及提升员工的心理资本满意度（仲理峰等，2013），从而促进角色内绩效和组织公民行为的提升。

已有研究表明组织层次的高绩效人力资源实践也能预测工作绩效（仲理峰，2013）。该研究检验了高绩效人力资源实践对员工的角色内绩效和组织公民行为的直接影响，探讨了员工知觉到的胜任特征在高绩效人力资源实践与员工角色内绩效和组织公民行为之间的中介作用。研究结果显示，高绩效人力资源实践对员工知觉到的胜任特征、角色内绩效和组织公民行为有显著积极影响；员工知觉到的胜任特征对员工角色内绩效和组织公民行为有显著积极影响；员工知觉到的胜任特征在高绩效人力资源实践与员工角色内绩效和组织公民行为之间起部分中介作用。

综上，国内外相关研究已经取得了较为丰硕的成果，尤其是国内研究不仅开展了基于国外研究成果的本土化验证，还尝试了聚焦中国新时代背景下新问题和新现象的情境化探索，得出了较为充分的研究成果。然而，国内该领域的研究，多数局限于个体的心理行为、工作特征或领导风格等单个或局部因素对个体绩效的影响关系，并未深入探析员工的多种个体因素，以及组织内外部环境影响下的个体绩效的作用机理，同时，聚焦新生代员工的工作绩效的研究为该领域的研究不足。因此，本书将深入探析个体层次的新生代员工工作价值观、内在动机,以及组织层次的多维度文化特征对新生代员工角色内绩效和角色外绩效的多元交互影响作用。

第二节　理论基础

一、自我验证理论

在传统的自我一致性理论和符号互动理论(Lecky,1945)的基础上,Swann 于 20 世纪 80 年代提出了自我验证理论(self-verification theory)。该理论的核心假设是:人们为了获得对外界的预测感和控制感,并保持和强化他们原有的自我概念,会不断地寻求或引发与其自我概念相一致的反馈。

Swann 认为人们有增强对现实的预测和控制的动机是人们自我验证的根本原因。自我验证增强人们的预测感和控制感主要在以下两个方面得以体现:第一,实用方面。自我验证使得我们对自己的看法与他人对我们的看法保持一致,我们自认为的身份得到普遍的承认,则我们的社会交往也变得可以预测和更加顺利。第二,认知方面。自我验证有助于形成稳定的自我概念,而稳定的自我概念可以更清晰和完整地实现自我认知,增强人们参与社会交往的信心。Swann(1992)实验揭示了认知和实用两个方面是人们自我验证原因的主要表现。

基于以往有关自我验证的研究结果,Swann(2002)总结提出了自我验证过程的理论模型(见图 2-2),并将这些研究成果纳入该模型中。

由图 2-2 可以看出,人们通过塑造验证自我的外在环境和对客观信息的主观曲解两条途径去验证自我,其中塑造验证自我的外在环境包含三个方面:有意显示身份线索;选择交往伙伴和环境;采取能引发自我验证反馈的交往策略。对客观信息的主观曲解也包含选择性注意、编码、提取和解释等几个方面。在以往大量研究的基础上,Swann 概括提出了这些验证自我的途径,并通过大量的实证研究验证了该结论。

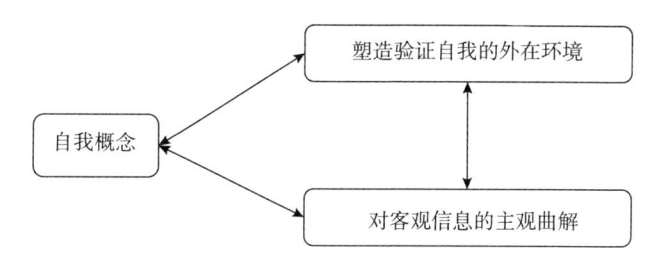

图 2-2　自我验证过程的理论

自我验证理论为理解价值观与行为之间的关系提供了理论基础。该理论认为，人们为保持自己的观点，以及参与证明、支持和强化自我信念和调和他人不同自我信念的差异而被激励（Swann，1990）。当人们从事与自己观点相符的工作时，他们习惯强调控制和自信的感觉；当人们参与到与自己观点相悖的活动中时，他们通常感到不安和不确定（Swann et al.，2002）。

与价值观保持一致的人际行为即是自我验证理论，其不仅创造了认知一致性，还为获得验证自我评价提供了机会（Shao et al.，2011）。与重要行为和规避行为保持一致的有意行为，是为了价值观强化自我观点以及使人们获取信念和确认反馈的可能性（Swann，1983；Swann et al.，2004）。根据自我验证理论，人们通过系统地表达自我观点来迎合组织成员的观点，以此力求确保他们自我观点得到认可的评价（Swann et al.，2004）。同时，人们总是寻找和创造机会去验证自我信念，以及调和自我信念与他人认知观点的差异（Swann，1983，1990）。自我验证理论解释了为什么个体价值观为工作行为的动机基础提供了研究视角。

综上，为了对未来不确定性的规避或控制，个体将强化自己内在的某种动机和价值偏好等自我概念，从而实施与此类自我概念相一致的行为。因此，本书在探析中国新生代员工的工作价值观与工作绩效，以及内在动机与工作绩效等多项影响路径的研究中，都将以自我验证理论为理论框架，实证探明各影响关系内在的作用机制。

二、社会交换理论

社会交换理论（social exchange theory）是 20 世纪 60 年代在西方社会学

界逐渐兴盛流行的一种社会学理论,由于它对影响人类行为的心理因素的强调,也被称为一种行为主义社会心理学理论。这一理论最主要的思想来源是古典政治经济学、功利主义、人类学和行为心理学。

作为交换理论的创始人,Homans(1961)倾向于"个人主义方法论"与心理还原论,即以个人的心理解释预测所有群体的行为,有效地运用经济学、社会学、人类学以及心理学等内涵和理论展开人际互动研究,从经济理性出发揭示出交换的双方各自获得最大利益是人际互动和社会交换的最终目的,特别是提出了交换的社会性、经济性、目的性以及主体性,这为探析人类社会普遍存在的社会交换行为提供必要的理论基础。

Blau(1964)的社会交换理论表明,社会成员希望通过互动与交换从对方那里获取回报是社会成员进行个体交换行为的动力来源,这些交换回报主要包括物质金钱、服从、社会认可与尊敬等。在组织内部发生的社会交换过程中,如果这种社会交换能够使员工的行为目标与组织发展目标保持一致,就会使员工对组织产生认同感,而要使员工的个体目标与组织目标相匹配,就需要组织能够为员工提供其所追求的回报。只有员工的需求在组织内部社会交换与活动中得到满足,他们才可能产生在行动上积极推动组织发展的动机,从而有助于实现组织发展目标的个体行为的发生。也就是说,在组织内部的社会交换过程中,员工只有自身需求(物质或者精神)得到满足的情况下才可能实施更加积极的角色内行为和角色外行为。

Simon(2004)认为,只有组织能够为员工提供有效的激励机制,员工才可能愿意根据组织的发展目标对个体目标进行调整以实现与组织目标的匹配。因此,组织能否为其员工提供适当的回报是协调员工个体目标与组织目标保持一致的基本前提(Dick,Wagner & Stellmacher,2004)。基于社会交换理论的分析,员工的角色内行为和角色外行为的产生与组织能否提供符合员工需求的诱因和激励机制密切相关。如果组织提供的诱因和激励机制适当,员工就可能根据社会交换理论对自我的行为目标进行调整以实现与组织目标相匹配,从而实施有利于实现组织发展目标的行为。

中国文化的礼节制度、行为规范、心理思想等诸多方面同样体现出社会交换理念,例如中国古代的"礼""让""报""义"等思想内涵。作为一种社会交换形式和规范社会交换制度,"礼"涉及行为规范、习俗、制度,约束规范着人们的交换行为，同时又衍生为社会交换道德。为使交换行为得以顺利实施，"礼"可以平衡人们之间不同的交换资源。"让"既是一种交换物又是一种交换行为，也是中国古代社会交换的主要内容和形式，并使交换内容与形式达到了高度的统一。古人云：古之君子，使之必报之；受人滴水之恩，必将涌泉相报。这里的"报"既蕴含了回报、报答之意，也反映出中国社会中的人际交换多以"报"的形式出现。作为与道德相联系的社会交换的规范和准则，"义"能够维护社会交换公平、平衡的某种行为，是中国古代社会交换中一个独特的概念，蕴含着仁义、正义、道义、情义之意（周志娟、金国婷，2009）。

可见，社会交换是特定个体与社会群体之间的互动关系、伙伴群体与权力分化组织之间的关系、存在相互对抗群体之间的合作与冲突、社会成员之间的直接与间接的互动亲密关系基础。社会成员之间发生互动行为的原因，在于他们能够通过相互交换行为得到自我所需之物或者精神享受。社会成员个体之间基于获取相应的社会回报而产生的互动交换最终构成了社会微观结构体系。因此，社会群体之间的交换过程大致经历"吸引—竞争—分化—整合—对立"，而个体与组织之间的交换过程则经历"投入—回报—再投入"，反映出社会交换过程遵循互惠原则（Blau，1988）。

综合国内外不同学者的观点可以发现，社会交换理论已日趋成熟，并随着管理实践的发展而增添了新的元素。企业的经济属性和市场属性决定了其在构建、开发和管理人力资本方面的社会交换角色，而注重自我内在情感体验、投入与物质回报和个人发展空间的新生代员工在做好本职工作和实施利他行为方面深谙社会交换理念。因此，组织与员工如何平衡自我角色在社会交换过程中的投入与回报，并最终形成目标的一致和成果的共赢，不仅是社会交换理论在现代企业管理实践中的重要体现，也将是本书聚焦中国新生代员工管理研究的命题之本。

第三章
新生代员工工作价值观的结构模型和内涵研究

Chapter III

近年来，新生代员工因工作价值观的差异而引发的职场冲突问题越来越引起公众的关注，尤其是探知新生代员工的工作意义、信念等价值观内涵，成为组织管理者在制定员工激励策略和塑造组织文化等管理措施时亟待解决的问题。

工作价值观（work values）是个体关于工作的原则、伦理、信念的认知（Robbins，2002），是一种直接影响行为的内在思想体系（Elizur，1984），也是员工在工作中期望获得的满意产出（Brown，2002），它应该被视为员工明辨是非及确定偏好时采用的工作相关标准（Dose，1997）。从20世纪90年代末期到最近的几年，学者们开始从基本价值观和工作价值观二者整合的角度出发，结合不同的文化特点来研究工作价值观。这种趋势代表了工作价值观结构研究领域的新进展。

Ros和Schwartz（1999）从基本价值观和工作价值观整合的角度研究了工作价值观。此外，Schwartz通过研究发现，Elizur"三层面理论"中的"价值形态层面"忽略了一些层面要素，并认为从"价值形态层面"上划分工作价值观应具有内向、外向、社会和声望四种类型。Lyons等（2010）结合北美文化情境构建了价值形态、成长导向和聚焦水平三维度的员工工作价值观结构模型。Ruth-Alas和Sun（2008）基于中国29家跨国公司的新生代与老一代员工、中国与欧洲员工两组样本的研究发现，两组样本在工作价值观与生活价值观方面的差异：新生代员工重视领导、伦理和社会，老一代强调文化和能力；中国员工在组织融合方面的价值观强于欧洲员工。应该看到，国内外已有的研究文献不仅缺乏对新生代员工该特殊群体工作价值观结构的系统研究，而且关于工作价值观的研究结论也存在差异。

近年来，有学者研究表明，在物质充裕、信息发达、价值观多元化的社会背景下，新生代员工具有其独特的工作价值观：喜欢工作自主性，具有高度成就导向（Westerman，2006）；享受工作的意义和乐趣，追求工作和生活的平衡（Twenge，2010）；重视结果和反馈，尊重多文化和多样化（Cennamo，2008）；注重平等和公平，漠视权威（Charu Shri，2011）等，这与Ruth-Alas就新生代员工的工作价值观结论存在分歧。可见，不少的研究往往只关注于新生代员工工作价值观的部分特征，且结论尚存争议，而系统规范地构建新生代员工工作价值观整体结构的文献很鲜见。

England（1967）认为个体价值观体系随着工作环境的变化而发展，同时将其视为塑造和影响个体行为的相对稳定的感知体系。也有学者认为员工的工作价值观会受到特有的文化和社会心理因素的影响，是"对情境敏感的"（context-sensitive）构念（Rousseau & Fried，2001）。改革开放以来，中国的经济社会发生了翻天覆地的变化，与此同时，中国新生代员工所经历的成长环境和社会背景，也随着这些时代浪潮不断交融发展，这必然导致中国新生代员工与老一代员工、国外员工的工作价值观发生改变。因此，不论是理论研究者还是组织管理者都要深刻全面地掌握：中国新生代员工的工作价值观究竟有哪些特征？组织管理者应以怎样的职业风格或领导艺术适应和引导新生代员工？这些都是目前组织行为和组织管理领域亟待去研究和解决的问题。

因此，本章基于互联网评论和开放式问卷数据，运用扎根理论和内容分析等两种质化研究方法，构建中国新生代员工工作价值观的结构因子，探究新生代员工的工作价值观内涵特征，对比研究新生代与老一代员工、中国新生代与国外员工的工作价值观异同，进而为组织开展基于工作价值观的新生代员工管理及其制度建设提供参考。

第一节 研究方法

一、研究样本

本章包括两项质化研究,具体为运用扎根理论开展的研究一和运用内容分析法开展的研究二,其样本来源分别为网络评论和开放式问卷数据。

(一)基于互联网评论的扎根理论研究样本

在2011年10~11月,研究一以互联网多家知名门户网站的二手数据为样本来源,借助互联网的可记录性和数据的可分析性的特点,收集社会大众对新生代工作价值观评论的意见记录(例如智联招聘网)以及各类报纸(网络版,CNKI)对新生代员工工作价值观的评论意见,从而全面、系统地了解和分析新生代员工工作价值结构观及内涵。

伴随着网民规模的日益扩大,网民结构和现实生活中的结构逐渐趋同,互联网的主流媒体作用凸显,人们可以围绕现实生活中的新事物、新现象在互联网上各抒己见,进行热烈的讨论(Huang et al., 2007)。网络口传具有覆盖性广、参与者可自愿或匿名发言、群体思考性、可保存性等优势,已被学者们运用于多种研究领域(黄敏学等,2008),如有的学者利用网络口传对山寨模式的评论来探讨山寨模式的形成机理(陶厚永等,2010)。Ogan (1993)研究指出,网络评论和BBS使用者虽没有办法决定其他使用者所提供信息的正确性,但由于任何使用者均可以自由散布信息,当不正确信息出现时,其他使用者会出面提供较为正确的信息,从而在无形中形成一种系统内自我检查与自我平衡的机制,这使得信息正确性得以维持一定的水准。

因此,本书采用互联网门户网站的二手数据作为样本来源,可以广泛地获取不同主体对新生代员工及其工作价值观的评价,保证了研究的全面性和多样性,在接下来的样本甄选和数据整理中,对二手资料的鉴别不仅遵循甄选原则,以保证不同来源样本出现的多评论主体的信息制衡,而且严格执行删除标准，力求保证其学术严谨性。

(二) 基于开放式问卷的内容分析研究样本

在2012年3~4月，研究二选取某"985"高校在武汉和郑州地区的在职MBA学员（均为新生代员工）为被试对象，以这些学员对工作价值观的开放式问卷评价为样本来源。整个研究共发放200份开放式问卷，实际回收190份问卷，将空白过多、反馈内容明显不符的问卷剔除，最后得到有效问卷183份（有效回收率为96.32%）。被试样本含男性98人（占53.55%）、女性85人（占46.45%）；平均年龄26岁，平均工龄4年，具有大专及以下学历占5.65%，大学本科占68.75%，硕士及以上占25.60%；样本来源于23家企业，分布在外资、民营和国有企业的比例分别为18.48%、25.87%和55.65%，行业类型占比分别为34.78%（互联网/通信电子）、17.39%（金融）、21.74%（建筑/房地产）、26.09%（能源）。如表3-1、表3-2所示。

表3-1 被试员工的性别和学历占比

性别/学历	人数（人）	占比（%）
男	98	53.55
女	85	46.45
大专及以下	10	5.65
本科	126	68.75
硕士及以上	47	25.60

表3-2 样本企业的性质和行业占比

企业性质/行业类型	企业数量（家）	所占比例（%）
外资	4	18.48
民营	6	25.87
国有	13	55.65
互联网/通信电子	8	34.78
金融	4	17.39
建筑/房地产	5	21.74
能源	6	26.09

二、研究程序

(一) 扎根理论研究

关于工作价值观的研究，已有文献通常采用实证方法，运用量表和调查问卷获得数据，然后去检验变量之间的关系，因此很难建构和发展出新的理论。此外，由于新生代员工工作价值观的理论基础还不完善，所以采用统计描述法进行研究很难行得通。在这种情形下，利用网络上的二手资料，可以有效地了解社会大众对新生代员工工作价值观的系统反应，但是这些资料大多数是文字描述性的。扎根理论是一种有效的基于二手定性资料构建理论模型的研究方法，并根植于所收集的现实资料以及资料与分析的持续互动，强调理论的发展（Strauss & Corbin，1994）。

本书借助扎根理论，从互联网不同主流门户网站获取二手数据，再对数据进行甄选、整理，接着通过开放式编码、主轴编码、选择性编码、理论饱和度检验等模型建构过程，最终构建出新生代员工工作价值观的结构因子模型1。

(二) 内容分析研究

为了更加客观、真实地探究中国情境下的新生代工作价值观结构因子，本书以新生代员工对工作价值观的开放式问卷评价为样本来源，运用内容分析法再次开展质化研究。首先，本书由2名博士生和2名硕士生对问卷进行条目提取。其次，再由该4名研究生进行条目的同类项合并，并由1名组织行为教授对合并后的条目进行精减。再次，邀请3名并不清楚所归类条目为新生代工作价值观条目的组织行为学专业博士生对条目进行归类，得到功利导向、内在偏好、人际和谐、创新导向和长期发展五因子。最后，再邀请另一组人员（包括1名组织行为学教授和2名博士生）进行条目的反向确认性归类，结果表明由五因子构建的新生代工作价值观结构因子模型2完全符合上一步归类结论，并由此获得了26个条目的新生代工作价值观初始量表。

为明确新生代员工和工作价值观的概念，使被试对问题的回答做出符合普遍意义的描述，我们对问卷进行如下设计：一是在开放式问卷中对新生代员工和工作价值观定义作两点关键说明："80后、90后"是指出生于20世纪

80~90年代的新生代员工；工作价值观是指人们在工作中持有的工作需求、工作动机以及追求的工作信念。二是明确问卷调查的问题，即"您觉得'80后、90后'的工作价值观有哪些特征？请举例5~7条典型特征"。三是列举两条关于"80后、90后"工作价值观的描述：希望拥有融洽的工作氛围是"80后、90后"的工作价值观；追求好的薪酬待遇是"80后、90后"的工作价值观。采用现场发放并回收问卷的方式，且被试者均在10~20分钟完成该问卷。

第二节 研究过程与结果

一、基于互联网评论的扎根理论研究

（一）样本甄选

为了获取更多有效样本，全面反映问题的本质，本书在样本甄选时遵循以下原则：一是因新生代员工工作价值观具有时代特征性，所以研究样本是以近两年的网络评论信息为网络搜索对象；二是评论的涵盖面尽量广泛并兼顾媒介的专业性；三是样本来源的代表性，因不同的评论主体对新生代工作价值观的评价角度会有所区别，评论要包含正反两面观点。

被认为使用最广泛的搜索引擎——Google，可以通过对搜索到的网页超链接进行定量分析来对其搜索结果进行排序（朱雷，2006）。在2011年10月27日至11月3日期间，我们通过Google搜索了2010~2011年关于"80后、90后"员工工作价值观的所有报道，并统计分析各网页超链接总数，得出其数量结果由大到小排序分别为智联招聘、前程无忧、中国人力资源开发、新浪、腾讯、百度贴吧等网站。经过对报道的逐一分析，我们发现智联招聘网和中国人力资源开发网的报道最具代表性和完整性，其相关评论报道不仅符合我们的甄选原则，而且其他网站超过60%的相关报道从这两个网站转载。因此，本书的候选样本均出自该网站。其中，有网站的调查报告，也有报纸、杂志的时评信息。同时，报道涉及的评价主体有企业人力资源管理者、企业领导、"80后""90后"员工以及相关的专家学者。表3-3是部分样本来源的情况。

第三章 新生代员工工作价值观的结构模型和内涵研究

表 3-3 部分样本及其基本情况示例

编号	来源	报道主题	有效信息数量	日期	用途	编号	来源	报道主题	有效信息数量	日期	用途
1	智联招聘	节后"跳槽"成"80后"新潮 提醒:跳槽是项技术活	6	2011年6月13日	建模	8	惠州日报	"90后"渐成人才市场主力军 看重个人发展	2	2011年8月17日	建模
2	新浪财经	调查显示"80后"跳槽约三成嫌薪酬低	4	2011年9月29日	建模	9	中国劳动保障报	"80后、90后":演绎职场新生态	11	2011年3月28日	建模
3	智联招聘	职场新人"80后"的通病	1	2011年2月9日	建模	10	智联招聘	关注"80后"职场人生存和发展特别调查	3	2010年1月7日	检验
4	新京报	"90后"入职,办公室代沟如何消?	9	2011年5月9日	检验	11	中人网	"80后"如何面对职场瓶颈期	2	2011年8月17日	建模
5	中国青年报	一项调查显示:"80后、90后"雇员更愿意到海外工作	6	2011年4月18日	建模	12	北京青年报	"80后、90后"崛起成为职场新兴主力军	2	2011年3月29日	建模
6	北京日报	北京首场"90后"大学毕业生招聘会举办	1	2011年10月21日	建模	13	中国青年报	新酬福利并不是留住"80后"首要因素	9	2010年10月25日	检验
7	智联招聘	智联大型调查:"80后、90后"全面崛起于职场	7	2011年3月5日	检验	14	中国教育报	调查:哪些因素左右"90后"大学生求职意愿	4	2011年9月29日	检验

85

(二) 数据整理

通过智联招聘《求职指导》专栏、中国人力资源开发网论坛的评论窗口，以"80后""90后""价值观"为搜索关键词，本书共得到相关评论报道1657篇，这些报道大多数集中于2007~2011年。这有可能是"80后"员工逐渐适应职业环境和工作角色的原因，相关评论表明他们已经形成了较为清晰的工作价值观。而"90后"员工又已开始进入职场，他们具有典型新时代烙印的工作价值观和工作行为方式，不断地冲击着企业管理环境，引发更多人对于"80后、90后"员工工作价值观的探讨和评论。

为了挖掘和锁定与研究目标一致的数据，本书对收集到的相关评论报道中符合以下情形的文章进行了"删除"：一是为发帖者本人所写，但仅陈述"80后""90后"的工作结果和工作现况并未涉及工作价值观的文章；二是叙述本人或者其他人员"80后"创业经历的、不具有"80后"的普遍性的文章；三是给"80后""90后"工作者提出建议，与"80后""90后"本身的工作价值观并无太大联系的文章；四是随笔以及日志形式的随意性较大的文章；五是评论中重复转载的报道。通过以上整理，本书最终得到895篇网络评论报道及相关文献，其中用于建模的文献和报道671篇（随机抽样），用于检验饱和度的224篇。

(三) 模型构建

该部分包括开放式编码、主轴编码和选择性编码，具体如下：

1. 开放式编码（open coding）

为更好地分析帖子每句话的内容，同时又保留帖子中每句话的顺序，本书首先进行开放编码，并按照"报道编号—评论主体—文中段落—具体句数的顺序"编号。其中，评论主体分为三类："A"为管理实践者评价，包括人力资源管理者、上司或总经理、部门经理及其他管理者对新生代员工对以上涉及信息内容的评价；"B"为员工自我评价，包括新生代员工在以上涉及情况所表现出的自我态度、看法、目标、意向等；"C"为专家学者的评价，包括咨询专家、研究人员对以上涉及内容的评价。例如，编码"19-A-3-1"表示编号为19的评论报道，在第三段第一句的管理实践者评价。其次在开放编码基础上形成范畴。经过对贴标签进行多次整理分析，我们得到11个范畴

（category），用阿拉伯数字备注每个范畴具体包含的词条数目（见表3-4）。

表 3-4 开放式编码形成的概念及范畴

编号	主范畴	概念
1	自我导向	自由、思想独立、选择自己的目标、英雄崇拜、个性化管理、尊重个性及需求、不受约束、追求自我感受、自我为中心、张扬、乐于表现、个性施展
2	生活情感	快乐工作、享受生活、工作与生活的平衡、工作兴趣、内心感受、充实感、自我成就感、随性、顺心、情感需求、工作情绪、生活幸福感
3	财富实力	身居要职、工资待遇、企业知名度、企业品牌、福利待遇、薪酬、工作体面、薪酬水平、等级观念、人脉关系、社会网络、生活成本
4	安全感知	归属感、稳定性、竞争压力、稳定工作、流动性、行业风险、风险意识
5	多变刺激	生活多样性、令人兴奋的生活、喜欢新鲜感、跨区域工作、跨国工作、跨国流动意愿、工作挑战性
6	变革创新	接受新事物能力、接受新知识、网络信息获取、网络化特征、创新思路、想法独到、新颖想法构思、创造力、想象力
7	普遍一致	人际公平、民主平等、理解、尊重、服从、获取重视、渴望关注
8	人际和谐	谦逊、尊重传统、忠诚自己、责任感、老板评价、外部评价、现实沟通、企业文化、企业忠诚度、工作氛围、集体意识、大局观
9	工作投入	假期、加班、工作强度、休闲时间、工作地点、弹性工作、带薪休假、吃苦耐劳、抗挫能力
10	能力成长	个人发展空间、升职机会、职位提升、职业规划、发展机会、专业匹配、职业生涯、远大目标、薪酬涨幅、目标期限、学习能力、工作经验、能力提升、工作前途、学习培训、短期回报、长期回报
11	消极偏差	离职、频繁跳槽、情绪波动、低责任感、缺乏忠诚度、偏激、自律性、眼高手低、抑郁水平

2. 主轴编码（axle coding）

主轴编码是为了将开放式编码中被分割的资料，通过聚类分析在不同范畴之间建立关联。通过主轴编码，研究发现这些样本和范畴之间存在一定的因果和逻辑推理关系。将这些因果关系和逻辑分析思路进行归类，本书获得了以下七个大类的关系：①自我导向（如以自我为中心、尊重个性及需求）、生活情感（快乐工作、享受生活）、多变刺激（生活多样性、新鲜感）形成了新生代员工工作价值观的自我情感因素；②财富实力（工资待遇、企业知名度）、安全感知（归属感、稳定性）、能力成长（个人发展空间、工作经验积累）构成了工作价值观的物质环境因素；③多变刺激（工作挑战性、令人兴奋的生活）、变革创新（接受新知识、创新思路）形成了工作价值观的革新特征因素；④普遍一致（人际公平、尊重、理解）、人际和谐（责任感、忠诚度）、自我导向（追求自由、个性张扬）构成了工作价值观的人际关系因素；⑤工作投入（休闲时间、弹性工作）、财富实力（薪酬待遇、社会网络）、自我导向（追求自我感受、乐于表现）共同造就了新生代员工的个体工作偏好；⑥变革创新（新颖想法构思、创造力）、能力成长（职业规划、能力提升、工作前途）构成了新生代员工的积极在职行为；⑦自我导向（张扬、不受约束）、消极偏差（偏激、频繁跳槽、较大的情绪波动）形成了员工的消极离职行为。如表3-5所示。

表3-5　主轴式编码形成的关系类别

编号	关系类别	影响关系的范畴	关系的内涵
1	自我情感因素	自我导向（1-C2-4-2、23-A1-3-4、86-A2-2-2）生活情感（25-B1-6-2、28-A2-7-2）多变刺激（69-B1-4-1、75-A1-8-1）	受成长和家庭环境的影响，新生代员工更注重自我感受、追求自由、渴望得到个性化管理、思想独立且个性张扬、以自我为中心，而不愿受到过多约束。因此，他们喜欢富有新鲜感且多样性的工作，能够接受跨区域甚至跨国工作。出于对工作与生活的平衡，他们不再完全投身于工作事务中，而是凭着工作兴趣，随性而快乐地享受生活，并从工作中获取充实感和自我成就感
2	物质环境因素	财富实力（30-A1-4-3、72-A4-12-1、79-A1-9-1）安全感知（38-C1-4-1）能力成长（19-A12-1-2、31-A1-2-2）	当生活成本和竞争压力日趋加重，薪酬福利和工资待遇同样是新生代员工择业和跳槽的重要影响因素，但由于家庭环境的改善，他们对这方面的短期期望值相对理性。他们更看重企业的品牌和知名度、行业风险，期望将来获得更好的职业发展空间、工作经验和社会网络

续表

编号	关系类别	影响关系的范畴	关系的内涵
3	革新特征因素	多变刺激（38-A7-11-3、70-C2-7-1） 变革创新（67-A4-14-2、67-A4-14-3）	追求生活多样性的新生代员工，喜欢新鲜感，对于新事物和新知识有较强的接受能力，注重网络信息获取，具有典型的网络化特征。这造就了他们往往易有新颖独到的想法构思和创新思路，具备较强的创造力和想象力
4	人际关系因素	普遍一致（38-C3-10-1、79-A1-9-1） 人际和谐（79-A1-3-3、94-A5-35-1） 自我导向（28-A3-9-1、82-A1-6-5）	受西方文化和个人成长环境的影响，新生代员工更看重人际的公平和民主、平等，希望拥有良好的企业文化和工作氛围，同时渴望得到尊重理解，获取领导重视。但是，他们张扬自由的个性，往往缺乏企业忠诚度、责任感和自律性，通常只忠诚于自我内心感受
5	个体工作偏好	工作投入（20-A1-11-2、29-A3-8-2、86-A2-2-2） 自我导向（76-A1-1-4） 财富实力（31-B1-5-3）	新生代员工特别反感将假期休闲时间投入到额外的加班工作当中，不愿背负过多的工作强度，对工作地点和距离带来的生活问题也比较重视。工作能否带来生活乐趣、与自己专业的匹配度，以及职业发展空间、工作团队氛围都影响新生代员工的工作偏好。当然薪酬待遇、企业实力甚至领导个人魅力也在一定程度上左右着新生代员工的行为偏好
6	积极在职行为	变革创新（67-A2-6-1） 能力成长（31-A3-8-1、36-A1-3-1、70-C2-8-1）	当新生代员工的工作偏好得到满足时，他们通常表现出工作热情高涨、积极承接挑战性工作、主动自信地表达独到新颖的创新思路等积极的角色内行为，给企业带来创造力。短期内对薪酬和职位的要求较为理性，以学习和积累工作经验的心态投入到良性工作中
7	消极离职行为	自我导向（28-A3-9-1、85-A1-3-1、86-A2-2-2） 消极偏差（20-A2-18-2、72-A3-8-2、72-A5-14-4）	当新生代员工的工作偏好未得到满足时，他们经常表现出做事偏激、自律性较差、集体意识淡薄、过分追求自我感受、企业责任感和忠诚度缺失、频繁跳槽等消极的工作行为特征

3. 选择性编码（selective coding）

经过开放式编码、主轴编码及其相关分析，本书对范畴及其关系有了进一步的了解。紧接着，扎根理论分析进入了第三个重要阶段——选择性编码，即对原始资料、概念、范畴尤其是范畴关系不断比较和分析。选择性编码中的资料统合与主轴编码的差别不大，只不过它所处理的分析层次更为抽象（李志刚等，2008）。通过对资料、概念和范畴系统的分析、梳理，本书的核心问题可以范畴化为新生代员工工作价值观结构及其对员工工作行为的影响机理。如图3-1所示。

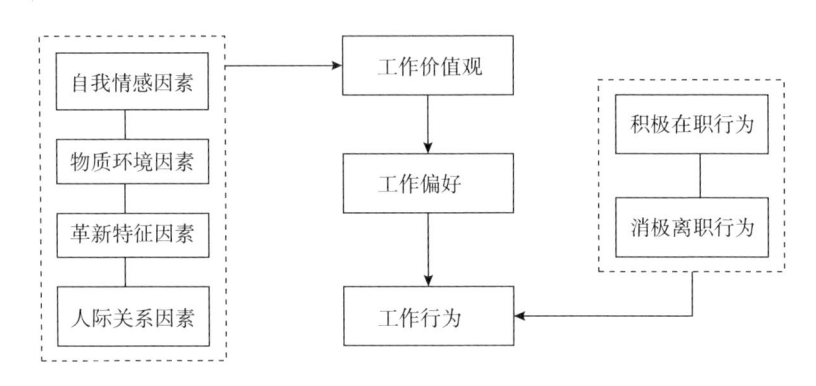

图3-1　新生代员工工作价值观结构及其对员工工作行为的影响机理

本书的关键是探讨核心范畴能否统领其他的主范畴。新生代员工注重自我感受，思想独立且个性张扬，喜欢富有新鲜感且多样性的工作，追求工作与生活的平衡，凭着自己的工作兴趣，在工作中获取充实感和自我成就感，这些反映了新生代工作价值观的自我情感因素内涵。

当生活成本和竞争压力日趋加重，薪酬福利和工资待遇同样是新生代员工择业和跳槽的重要影响因素。但是，他们对这方面的短期期望值相对理性，更看重企业的品牌和知名度、行业风险，期望将来获得更好的职业发展空间、工作经验和社会网络，这些反映了新生代工作价值观的物质环境因素内涵。

结合自我情感因素和物质环境因素，研究发现新生代员工的工作价值观既以自我为导向、尊重内心世界，又能相对理性地面对职场环境、着眼于个人长远发展。这也解释了当人们感叹"抱大的一代"如何去承载时代赋予他们的责任时，新生代员工却能以特有的生存法则，开创属于自己的职场生涯。

从人际关系因素反映的新生代工作价值观内涵来看，受西方文化和个人成长环境的影响，新生代员工更看重人际的公平、民主和平等，渴望得到尊重理解，获取领导重视，拥有舒心的工作氛围。但是，他们张扬自由的个性往往缺乏企业的忠诚度、责任感和自律性。

从革新特征因素反映的新生代工作价值观内涵来看，追求生活多样性的新生代员工，喜欢新鲜感，对于新事物、新知识有较强的接受能力，注重网络信息获取，具有典型的网络化特征，这造就了新生代员工易有新颖独到的想法构思和创新的思路，具备较强的创造力和想象力。因此，自我情感因素、物质环境因素、人际关系因素、革新特征因素四因子能够准确地诠释新生代工作价值观的结构内涵，并构建了新生代员工工作价值观的结构因子模型1（见图3-2）。

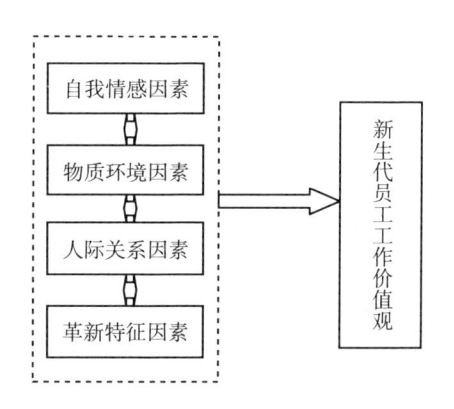

图3-2 新生代员工工作价值观结构因子模型1

从整个影响机理来看，新生代员工将弹性工作制、工作与生活的平衡度、个人发展空间以及薪酬待遇等工作相关标准，与其工作现状进行匹配和比较，进而形成了他们的个体工作偏好。当新生代员工的工作偏好得到满足时，他们通常表现出工作热情高涨、积极承接挑战性工作、主动自信地表达独到新颖的创新思路等积极的角色内行为，给企业带来创造力。他们在短期内对薪酬和职位的要求较为理性，以学习和积累工作经验的心态投入到良性工作中。当新生代员工的工作偏好未能得到满足时，他们经常表现出做事偏激、自律性较差、集体意识淡薄、过分追求自我感受、企业责任感和忠诚度缺失、频繁跳槽等消极的工作行为特征。因此，员工的积极在职行为和消极离职行为构成了员工在工作情景中的行为表现。

综上，新生代员工工作价值观结构及其对工作行为的整个机理过程包括：自我情感因素、物质环境因素、人际关系因素、革新特征因素共同构建了新生代员工的工作价值观,而新生代员工工作价值观通过个体工作偏好的满足与否,引发其积极在职行为和消极离职行为。

(四) 理论饱和度检验

作为决定何时停止采样的鉴定标准,理论饱和度检验是指不可以获取额外数据以使分析者进一步发展某一个范畴之特征的时刻(胡幼惠,1996)。为了检验理论饱和度,本书对预留的224个评论报道和文献加以编码和分析,相关资料的内容仍然是反映新生代员工工作价值观结构内涵。

由于报道和文献太多,本书只能列举几条作为佐证:一是待遇差几百元不算什么,我刚毕业,就是希望学到的东西能够用得上,能有发挥一技之长的空间(22-B1-5-1"财富实力—能力成长");二是"90后"思维敏锐、想法独特,接受新事物的能力也相对较强,思维具有非常显著的网络化特征(36-A7-11-3"多变刺激—变革创新");三是"90后"员工普遍强调工作兴趣、职业发展、个人需要,整体的平均期望值也都高于现实,但是这并不代表他们只重视个人发展,而将薪酬放在次要位置(57-A1-3-1"能力成长—生活情感");四是富有理想又易脱离实际、热爱生活又易因受挫而悲观失望、思维活跃却容易偏激、自我意识强又难以对自己客观准确地定位(104-A1-7-1"自我导向—生活情感");五是初级雇员通常入职时间较短,能力相对低,压力相对大,流动率较高,但"90后"及"80后"雇员追求个性、独立、喜欢新鲜感、风险意识较弱、家庭负担较轻等(213-C3-9-2"自我导向—安全感知")。

本书对224个报道和文献进行开放式编码后发现,没有形成新的概念和范畴,也没有形成新的关系。因此,可以认为本书的理论模型符合饱和度要求。

二、基于开放式问卷的内容分析研究

基于开放式问卷数据,本书对问卷原始信息开展了以下工作:首先,把有效的原始信息转化为含义单一的条目,进行条目提取和信息编码。其次,合并含义完全一致或基本一致的条目,对所得条目进行合并同类项,计算每个条目重复出现的频次,并精减含义模糊或与构念联系不紧密的条目。再次,对合并及精减后的条目进行归类和类别命名。最后,进行定量的确认性归类,并将两次都无法归类或归类不一致的条目予以删除。

(一) 提取条目

有效的开放式问卷共 183 份，初始条目共 1114 条，涵盖了不同行业背景、工作经验、学历背景的评价主体。由于问卷中既包含具体的条目描述，也包含其他无效信息，因此由 2 名博士生和 2 名硕士生按照以下几个原则从问卷中提取条目：一是直接保留含义清晰且单一的条目描述。例如，"较好的薪酬待遇""融洽的工作氛围""良好的职业发展前景""工作要带来快乐""生活与工作的平衡"。二是提炼或拆分清晰但包含多重含义的条目描述。例如，"轻松事少离家近，注重物质报酬和工作与生活的平衡"拆分为"轻松""离家近""注重物质报酬""强调工作与生活的平衡"。三是直接删除明显偏离新生代工作价值观内涵的条目描述。例如，"不会安排生活""爱学习，爱进步"。四是直接合并同一个人多次提到的含义相同的条目描述，不计算频次。例如，"不错的发展前景"和"未来有好的发展"合并为"不错的发展前景"。按照以上原则，本书从问卷中共删除不符合要求的语句 48 条，拆分增加的语句 60 条，最后共提取和保留了 1126 个含义单一的条目。示例如表 3-6 所示。

表 3-6　开放式问卷提取条目过程示例

序号	编号	提取后的条目表述	编号	原条目表述
开放式问卷一	1	追求个人价值实现	1	追求个人价值实现
	2	努力付出有等价回报	2	努力付出有等价的回报
	3	拥有平等的工作伙伴关系	3	拥有平等的工作伙伴关系
	4	不断进步	4	不断进步，充分学习（删除），拥有较强的协作性（分为两句）
	5	拥有较强的团队协作性	5	拥有较好的办公环境，宽松自由（分为两句）
	6	拥有较好的办公环境	6	从事有未来前景的行业
	7	宽松自由	7	辛苦的工作与充足的个人休息时间搭配
	8	从事有未来前景的行业	—	—
	9	辛苦工作与充足的个人休息时间搭配	—	—

续表

序号	编号	提取后的条目表述	编号	原条目表述
开放式问卷2	10	钱多	1	钱多事少，离家近（拆分并提炼）
	11	轻松	2	希望公司重视员工可被雇用能力及提高（提炼）
	12	兼顾家庭	3	追求个人兴趣与工作相一致
	13	希望公司重视员工能力提高	4	追求实现自我价值
	14	追求实现自我价值	5	希望加薪、升职及上升空间（分为三句）
	15	希望加薪	6	希望公司是行业领先者
	16	升职	—	—
	17	上升空间		
	18	希望公司是行业领先者		
⋮	⋮	⋮	⋮	⋮

（二）合并同类项及精减

接着，该4名博士生和硕士生参考姜定宇等（2003）的做法，对1126个条目进行同类项合并。首先，对于描述完全相同、表述重复的条目，研究者进行合并，并计算重复出现的频次。此步骤完成后，条目缩减为567个。其次，对于内容相近，仅以不同方式表达的条目，研究者进行二次合并。这一步骤要求研究者尽量保持更多的条目，无须进行过多的抽象概括，直观判断各条目是否表达同一内涵，完成后共得到115个条目。最后，再邀请1名组织行为学教授删除表达不够具体，含义比较模糊，且与新生代工作价值观本质联系不紧密的条目，以保证两次合并后所得115个条目的精确性和合适性。这步完成后，共获得42个条目（见表3-7）。

表3-7 合并同类项及精减后的条目

编号	合并精减后条目	频次	编号	合并精减后条目	频次	编号	合并精减后条目	频次	编号	合并精减后条目	频次
1	融洽的工作氛围	62	2	较好薪资福利	90	3	强调自我	15	4	努力付出会有等价回报	25

续表

编号	合并精减后条目	频次	编号	合并精减后条目	频次	编号	合并精减后条目	频次	编号	合并精减后条目	频次
5	工作有乐趣	31	15	不错的发展前景	31	25	良好职业发展规划	17	35	工作是有价值和重要的	62
6	工作与生活的平衡	53	16	所处行业较好	8	26	能发挥主观能动性	5	36	有广阔视野	7
7	快乐工作	55	17	工作符合自己兴趣爱好	56	27	不愿承担更多责任	6	37	挑战权威	9
8	学有所用	5	18	良好的发展空间	53	28	领导平易近人	23	38	工作得到肯定	8
9	积累工作经验	7	19	工作中追求利益最大化	22	29	创新性的工作	15	39	能独立思考	5
10	建立好的人际网络	5	20	有效的沟通	6	30	较多个人支配时间	5	40	注重个体表现	6
11	不断增长的薪酬	31	21	自由工作，不受约束	31	31	富有挑战性的工作	21	41	公司是行业领先者	5
12	得到领导的重视	7	22	发挥自己的特长	9	32	良好的晋升机制	46	42	有成就感	11
13	公平竞争	21	23	能够发表不同观点	5	33	积极有效的团队协作	5		—	
14	团队有平等的人际关系	18	24	创造性的工作理念	22	34	个性化工作	6			

注："频次"代表原始条目中表述完全相同的条目出现的总次数。

(三) 条目归类及命名

为形成清晰的新生代工作价值观类别，我们再对以上条目进行归类和命名，此阶段研究主要依据 Farh 等（2004）的做法。

首先，我们另外邀请了 3 名并不清楚所归类条目为新生代工作价值观条目的组织行为学专业博士生对条目进行归类，以免其对新生代工作价值观的不同理解影响分类结果。在整个归类过程中，3 名博士生都要思考每个类别的条目所反映的共同构念。归类原则为：一是每个条目只能归到一个类别中；二是不限制每类条目数量，只对条目进行适当归类；三是将无法归类的条目单独归为一类。其次，在归类结束后，3 名博士生分别汇报各自归类结果、各类别命名及关系,再对归类的类别差异和每个类别中所含条目的差异进行讨论。最后,在充分了解彼此的归类结果和类别异同后,3名博士生再对自己的归类结果进行反思和调整,并明确达成一致的归类结果或无法达成一致的归类条目或类别,形成最终的类别命名。

经过以上的研究过程后,42个条目最终被分为5类,其中无法归类或三人归类完全不同的条目共16个,经讨论后仍未达成一致,说明这16个条目无法形成单独的类别,也无法归入已有的类别,因此直接删除这16个条目。最终形成的五个类别分别为:功利导向、内在偏好、人际和谐、创新导向、长期发展。各类别的典型条目如表3-8所示。

表3-8 新生代工作价值观类别归纳结果的典型条目示例

因子名称	条目编号	典型条目示例	频次
功利导向	2	较好的薪酬福利	90
	11	不断增长的薪酬	31
	4	努力付出会有等价回报	25
	19	在工作中,追求利益最大化	22
内在偏好	21	自由工作,不受约束	31
	7	快乐工作	55
	16	工作符合自己的兴趣爱好	56
	35	工作是有价值和重要的	62
人际和谐	6	工作与生活的平衡	53
	13	公平竞争	21
	1	融洽的工作氛围	62
	28	领导平易近人	23
	14	团队有平等的人际关系	18
创新导向	24	创造性的工作理念	22
	31	富有挑战性的工作	21
	29	创新性的工作	15
长期发展	18	良好的发展空间	53
	15	不错的发展前景	31
	25	良好的职业发展规划	17
	32	良好的晋升机制	46

(四) 确认性归类

为进一步保证内容效度,此阶段研究综合参考 Schriesheim 和 Hinkin (1990),以及李超平和时勘 (2005) 运用定量方法检验内容效度的步骤。本书再邀请另一组人员进行反向确认性归类,由 1 名组织行为学教授和 2 名博士生对 42 个条目逐一归类到上一步骤形成的类别中。与条目归类原则相同,每个条目只能归入一个类别,并单独列出无法归类的条目。结果发现:一是有 31 条(占 73.81%)是完全一致的归类条目,其中 19 条被归入预想的类别,12 条无法归类的条目;二是有 5 条(占 11.90%)是 2 人一致的归类条目;三是有 2 条(占 4.76%)是 2 人不一致的归类条目;四是有 4 条(占 9.52%)是 3 位研究者完全不一致的条目。归类完成后,三名研究者就 12 条无法归类的条目和 4 条归类完全不一致的条目进行讨论,最终确定这些条目无法形成新的类别,予以删除,剩下 26 个条目被归入 5 个类别中。

综上,步骤三和步骤四的条目归类结果完全吻合,42 个条目被归入五个类别,其中都有 16 个无法归类或归类不一致的条目,由此证明结果具有良好的内容效度。本书删除该 16 个条目后,最终得到功利导向、内在偏好、人际和谐、创新导向、长期发展五个因子共同构建的新生代工作价值观结构因子模型 2(见图 3-3),并获得了 26 个条目的新生代工作价值观的初始量表。

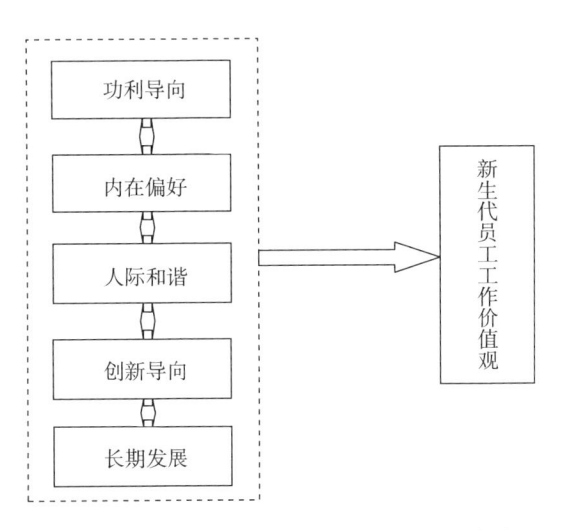

图 3-3 新生代员工工作价值观结构因子模型 2

为了更准确、更完整地解释新生代工作价值观结构因子模型2的内涵特征，本书对每个因子进行了具体说明：

功利导向是指新生代员工在工作中注重物质利益，渴望获得物质回报。他们在工作中注重利益的获取，希望得到较高的薪酬和薪酬增长，并重视工作投入与产出的效率，追求个人利益最大化，渴望与付出对等的物质回报。

内在偏好是指新生代员工对工作本身的特征与内容的认知和偏好，例如，符合个人兴趣、有价值的、重要的、有趣的、弹性的工作。这表明新生代员工在功利导向之外，也很重视工作本身带给他们的社会意义，他们对工作更加挑剔、更加注重工作本身对于自我偏好的满足程度。

人际和谐是指新生代员工重视工作场所内和谐的人际关系，并希望维持一种融洽的工作氛围，例如，高质量的上下级关系、融洽的同事关系和平等的团队关系。作为中国情境的一个显著的文化符号，它内化为员工的内在信念和规范，作为一项工作价值观，它既是文化因子在个体价值观上的映射，又是中国员工的工作价值观结构因子之一（Chinese Culture Connection，1987）。

创新导向是指新生代员工追求生活多样性，喜欢新鲜感，讨厌墨守成规的工作，对新事物和新知识有较强的接受能力，具有典型的网络化特征，注重网络信息获取。他们往往易有新颖独到的想法构思和创新思路，具备较强的创造力和想象力，敢于挑战传统，喜好标新立异。

长期发展是指新生代员工看重行业、组织以及个人的发展前景，不断积累工作经验和社会资本，期望获得良好的晋升机会和职业发展空间。在这种长期利益导向下，他们追求获得职业生涯的持续发展与成长。

第三节 对比分析和述评

一、新生代工作价值观结构因子模型的内涵对比分析

为了更全面、更系统地反映新生代员工工作价值观内涵，我们将深入对

比分析以上两项研究成果。其中研究一运用扎根理论,以互联网主流门户网站为样本来源,广泛收集了不同主体对新生代员工作价值观的评价,并最终获得由自我情感、物质环境、革新特征和人际关系四因子构建的新生代工作价值观(命名为模型1);研究二采用质化和量化相结合的方法,通过多元纵向研究设计获得由功利导向、内在偏好、人际和谐、创新导向和长期发展五因子构建的新生代工作价值观(命名为模型2)。从研究成果可以发现,两个新生代工作价值观模型具有高度的类别相似性和内涵共有性(见图3-4),具体包括以下四个方面:

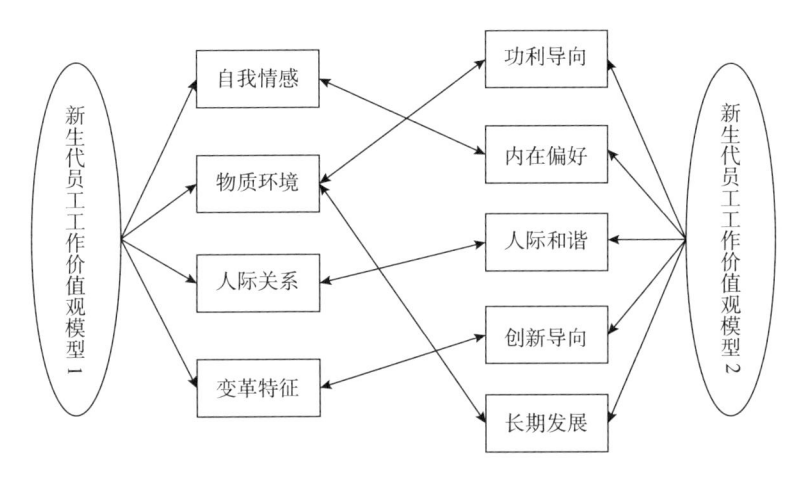

图 3-4 新生代员工工作价值观结构对比

新生代员工工作价值观结构因子模型1的自我情感因子和模型2的内在偏好因子,都包含了新生代员工注重自我内在的情感偏好,喜欢富有新鲜感且多样性的工作,追求工作与生活的平衡,强调工作与个人兴趣的匹配等方面的工作价值观导向。总体而言,新生代工作价值观的自我情感和内在偏好因子不仅反映了新生代员工对工作特征和工作内容方面的价值偏好,还体现了他们对工作本身与内在心理需求方面的适配度和满足程度的价值观内涵。

模型1的人际关系因子和模型2的人际和谐因子,都反映出新生代员工对组织成员之间的平等、融洽的人际关系、高质量的上下级关系,以及由此形成的良好组织氛围的价值观诉求,这跟中国传统文化所倡导的自然和谐的人际关系相吻合。然而可能是受西方文化和个人成长环境的影响,新生代员工对于组织成员之间的人际交往关系，更倾向于互相尊重、平等相待，更看重人际的公平和民主，弱化了中国传统文化中强调层级之间高权力距离的特征。

模型1的革新特征因子和模型2的创新导向因子，都体现了新生代员工在工作中具有挑战传统模式、追求变革创新理念的价值观内涵。他们普遍厌倦固化陈旧的工作状态，喜欢新鲜感，对于新事物、新知识有较强的接受能力，注重网络信息获取，易有新颖独到的想法构思和创新的思路，具备较强的创造力和想象力，敢于挑战传统，喜好标新立异，渴望通过有新意的创造性方法来改变一些滞后低效的工作方式。

模型1的物质环境因子与模型2的功利导向因子和长期发展因子具有内涵的共通性，既反映了新生代员工对物质条件和利益回报的重视，希望获得较高的薪酬和薪酬增长，并重视工作投入与产出的效率，追求个人利益最大化，也包含了他们对职业发展和个人成长的渴望，期望将来获得更好的工作经验、提升空间和社会资本。这与中国传统文化中淡化个人得失、讲究团队奉献的集体主义文化观存在差异，而与国外企业员工所具有的成长价值观诉求相近。

综上，本书以不同的数据源、研究方法和路径进行了两次质化研究，分别构建了新生代工作价值观结构因子模型1和模型2。通过全面深入的对比研究发现，两个模型的因子构成和内涵特征具有高度的拟合性和共通性，证明本书的范式科学有效，结论客观真实，为全面深入地探明新生代工作价值观结构因子和内涵特征提供了理论支撑，并为进一步开发探索新生代工作价值观量表建立了理论基础。

二、中西方情境下新生代工作价值观内涵的对比分析

工作价值观受社会环境和文化的影响和制约，是个人价值观、文化价值观和生活价值观等一般价值观在组织成员工作行为中的投射。同时，由于价值观差异而导致新生代与老一代员工的职场冲突（侯烜方、卢福财，2018），以及经济全球化带来的多文化融合障碍，都反映出探明工作价值观的情境化特征的重要性。因此，我们将进一步对比分析中西方情境下新生代员工工作

价值观的内涵特征。

第一，国外众多学者认为，工作价值观结构内涵主要包括舒适、地位、尊重和自主性（Gay et al.，1971；Manhardt，1972；Elizur et al.，1991），追求工作和生活的平衡（Twenge，2010），这与中国新生代员工的内在偏好价值观相近，其主要关注个体对于工作的偏好。这种偏好受到个体内在驱动，不再是出于物质回报，它强调了在工作中，员工内心喜欢什么样的工作或什么样的工作能够驱动他们。

通过对本书所命名的"内在偏好"的价值观和 Manhardt（1972）提出的"舒适和安全"的工作价值观条目对比分析，我们可以看到，本书得出的中国新生代员工注重弹性工作时间、工作具有趣味性、工作符合自己的爱好等价值观条目，虽然与"舒适的工作环境"（Manhardt，1972）的内容不尽相同，但是两者反映的内涵具有一定的相似性。如表3-9所示。

表 3-9 中西方关于"内在偏好"与"舒适"价值观比较

序号	Manhardt（1972）	Manhardt（1972）	本书的内在偏好价值观
1	Provides comfortable working conditions	提供舒适的工作条件	自由工作、不受约束、工作与生活的平衡
2	Provides change and variety in duties and activities	提供有挑战的和多样性的工作职责和活动	工作有价值
3	Provides ample leisure time off the job	工作之余提供多种娱乐活动	工作符合自己的兴趣爱好
4	Involves working with congenial associates	和一群意气相投的同事一起工作	快乐工作
5	Provides job security	提供工作安全	—
6	Permits you to work for superiors you admire and respect	和你敬佩和尊重的领导一起工作	—
7	Has clear cut rules and procedures to follow	有清晰的规则和程序来做事	—

工作特征理论表明，个体被激励是受到工作特征的影响，这些特征包括技能多样性（skill variety）、工作完整性（task identity）、任务重要性（task significance）、工作自主性（autonomy）、工作反馈性（feedback）（Hackman & Oldham, 1975），这就反映出工作本身对个体是有吸引力的。本书的结果表明，新生代员工偏好那些有价值的、有重要性的、有兴趣的、有趣味性的、有弹性的工作。例如，条目中包括："工作符合自己的兴趣爱好""工作是有价值和重要的""工作有趣味性""弹性工作时间"。这说明个体并不是为了功利（更多的物质回报）而愿意什么工作都做，而且新生代对于工作本身的偏好具有更强烈的诉求。因此，这也解释了为什么在中国的劳动力市场中，尽管有一些工作薪酬较高，但一方面出现"招工荒"，而另一方面又有大量大学生毕业了却无法就业。虽然这种社会现实是由多种因素组成，但是新生代员工对工作的内在偏好无疑是促成他们工作的一个重要因素。

第二，国外的工作价值观理论中的个人长期发展价值观方面，往往只强调晋升或能力成长，这跟中国新生代工作价值观内涵中存在的以注重社会资本积累、职业成长路径为主导的长期发展信念存在差异。西方的工作价值观里有一个显著的因子是成长（growth），个体希望在职业和工作中获得职业成就，但由于西方社会是一个短期导向的社会，因此他们的成长更倾向于一种短期性的，他们往往是一种"非升即走"的职业模式。本书的"长期发展"价值观则是在中国长期导向文化下的一种工作和职业上的长期发展认知和信念，也和西方的成长维度有一定的区别。长期发展这一维度也符合文化维度中的"长期导向"（long-term oriented）。根据 Hofstede（1985）的文化差异分类，中国被归类为长期导向的文化维度，而美国等则被归类为短期导向文化维度。长期导向表明了个体对待长期生活的态度，通常会重视长期的合作和关系的维持。体现在工作价值观中，个体期望在组织中获得长期的职业上的发展和成就。因此，长期发展的工作价值观符合中国人的普遍心理，也符合中国文化。

第三，中国新生代员工的功利导向价值观，与赫茨伯格的双因素理论中的"保健因素"和麦格雷戈的"X"理论比较接近，不论是薪酬福利还是等价回报等题目，都反映出新生代同样具有"经济人"的价值观特征，追逐个人利益的最大化。根据马斯洛需求层次理论，个体工作中首先要满足物质需求，而新生代工作价值观的功利导向价值观表明，驱动个体去工作的因素不仅包括从工作中获得物质报酬，也反映了个体在组织中为了获得更多个体收益而做出更多的符合规范的行为。这表明个体在工作中寻求物质回报，而工作对于个体来说具有物质意义和社会意义。其中，物质意义是指个体能够从工作中获得他以及他的家庭生活的物质保障；社会意义表明工作能够带给个体更多的社会价值。

但西方文化情境下的员工，在功利导向价值观和创新导向价值观方面，并未如中国新生代员工表现得清晰和明确，这可能是由于随着中国社会主义市场经济的不断深入，想要在日趋激烈的职场竞争中立于不败，只有通过追逐利益最大化或组织创新才能获得持续竞争优势。而相比中国的经济社会现状，多数西方国家早已完成了从工业社会向市场经济的转变，社会经济的发展较为平缓，国民普遍具有稳定的社会角色，从而导致了组织中的成员对利益的获取和创新导向不及中国员工强烈。

第四，国外的工作价值观结构很少包含人际关系，而中国人的工作价值观中和谐的人际关系往往占有重要角色。重视人际和谐是中国传统文化的重要内容（Chen & Partington，2004），也是个体内心深处的价值取向。Easterby-Smith 等（1995）研究认为，中国人关注关系导向，注重团队内的和谐以及面子等方面。集体主义理论也表明人们会在纵向上强调对权威的服从，在横向上强调对人际和谐的重视（Goncalo & Staw，2006）。Kwan 等（1997）也强调了人际和谐对个体的生活满意度的影响。可见，人际和谐在宏观上是一种文化特征，在微观上已经内化为中国人心理的规范准则。在工作场所内也一样，个体寻求更加和谐的人际关系，注重长期的合作与关系维持。因此，本书以及中国文化联合会（1987）研究都认为，人际和谐是中国人的工作价值观结构之一。

与国外员工的工作价值观相比，本书的结论仍然具有鲜明的文化色彩。尽管国外有少量相关研究也表明员工注重社会关系（工作场所的人际关系），但是他们更注重个体出于归属需要（sense of belonging）而对社会关系的依赖与需要，而不是中国人对和谐的人际关系的认知。中国人不仅重视关系导向，还重视关系的和谐与长期性。因此，本书的人际和谐与西方工作价值观维度里面的社会关系有显著的区别。

第五，国外学者通常将工作价值观结构区分为内部和外部因素（Super，1970；Elizur，1984；Johnson，2001），而中国新生代工作价值观的功利导向、内在偏好、人际和谐、创新导向和长期发展等因子，并不能明显地区分其分属于内部因素或外部因素，更多地呈现出中国新生代员工注重个人利益获取，强调内在偏好的满足和人际和谐的环境，并期望通过自我创新，实现个人长期发展的完整工作诉求脉络。这反映出中国当代的新生代工作价值观不仅仅具有内部性或外部性的追求特征，还具有推动组织发展，进而实现自我成就的行为驱动因素。

综上，本书得出的中国新生代工作价值观结构因子，与国外已有的工作价值观结构因子成果存在部分的异同，这也充分证明了运用扎根理论和内容分析方法两种质化研究，来深入探明中国新生代工作价值观的结构因子和内涵特征，而并未引用以往国外情境探析的工作价值观结论，不仅是方法论的拓展，更是情境化研究的必要路径。

三、中国新生代与老一代工作价值观内涵的对比分析

在国内已有的工作价值观理论中，中国文化联合会（1987）研究表明，中国传统儒家文化影响下的老一代员工，具有追崇融合与和谐，强调中庸和道德自律等工作价值观特征。马剑虹和倪陈明（1998）认为，工作价值观结构包括工作行为评价、组织集体观念和个人要求三个因素，反映出老一代员工听从领导指挥，强调集体意识，关注组织需要的工作态度和原则。可见，国内较早的工作价值观理论与新生代工作价值观有非常大的差异。新生代员工在工作中更加强调工作利益的回报和自我内在偏好的满足，追求平等尊重的人际关系和谐氛围，敢于挑战固有模式而实施组织创新。

近几年，也有学者认为工作价值观结构包含了舒适和安全、能力和成长、地位和独立三个维度，并以创业团队成员为问卷调查对象来验证该工作价值观的有效性（梁巧转等，2012），李燕萍和侯烜方（2012）通过质化研究构建出新生代工作价值观结构模型。这些研究关注了新生代员工的人际和谐、成长以及创新方面的工作价值观特质，但在当今中国情境下，很多新生代员工在物质上并不丰裕，对物质回报有强烈渴望，可见其忽略了新生代员工具有

的非常显著的功利价值观内涵，而且在样本选择、研究方法以及结论的完整性和代表性上都有不足。因此，本书运用扎根理论和内容分析两种质化研究构建的新生代工作价值观结构因子，其构念更准确和更完整。

受工作价值观导向的影响，新生代员工看重工作所带来的物质回报，追求内在需求偏好的满足和匹配，漠视权威和强调人际平等及融洽的组织氛围，敢于挑战传统和推动组织创新，谋求良好的职业发展并期待广阔的发展空间，这与老一代员工强调集体荣誉感而弱化个人得失，甘当老黄牛埋头苦干，主动维系人际间高权力距离而忠诚于上司，尊重传统而不愿打破规则的工作价值观特征，存在明显的代际差异，这可能主要是因为新生代和老一代成长于不同的时代背景、文化结构和家庭环境。

综上，我们可以看到，中国新生代工作价值观的功利导向与老一代员工的集体奉献主义价值观存在显著差异。这也引出我们需要讨论的重要问题：中国的新生代员工是否在功利价值观的影响下，只注重个人利益回报而忽视集体利益，进而对组织整体绩效产生负面影响？

事实上，中国新生代员工缺乏"老黄牛奉献精神"等价值观内涵，也并非表明新生代排斥努力工作，不愿尽责工作，而应理解为在功利和发展工作价值观导向下，新生代认同通过劳动付出和个人绩效来获取物质回报和个人发展。同时，我们也不能否认中国老一代员工的"老黄牛奉献精神""爱岗敬业"等价值观内涵仍然是当代中国工作场所内的重要规范标准，并已经成为社会主义职业道德的核心内容。

《中共中央关于加强社会主义精神文明建设若干问题的决议》规定了当今各行各业都应共同遵守的职业道德的五项基本规范，具体包括：爱岗敬业、诚实守信、办事公道、服务群众、奉献社会。其中，为人民服务是社会主义职业道德的核心规范，它是贯穿于全社会共同的职业道德之中的基本精神。爱岗敬业是社会主义职业道德最基本、最起码、最普通的要求，是职业道德的核心和基础，是社会主义主人翁精神的表现。诚实守信是做人的基本准则，也是社会道德和职业道德的一项基本规范。办事公道是指对于人和事的一种态度，也是千百年来人们所称道的职业道德，它要求人们待人处世要公正、公平。服务群众就是为人民群众服务，是社会全体从业者通过互相服务，促进社会发展、实现共同幸福。

显然，职业道德作为一种社会规范，它要求人们在工作中秉承这些公共的社会规范，而不能违背它们。个体的工作价值观则是个体内在的工作相关的规范和信念，它是个体的信念，而不是公共的信念，是个体在工作中来自个体的规范，而不是来自社会的规范。但是，来自个体内在的规范，以及社会的规范（职业道德）都会影响到个体的工作行为，所以本书得出的中国新生代工作价值观的功利导向价值观，与老一代员工的"老黄牛"（奉献）等价值观内涵并不冲突。

从已有的研究成果可以看到，功利导向作为一种价值观，是一种广泛存在的观念。李燕萍和涂乙冬（2012）认为，个体在工作场所内的行为背后隐藏着两大主流价值取向：志愿主义（volunteerism）和功利主义（utilitarianism）（Lavelle, 2010）。志愿主义价值取向的研究认为，个体为了他人或者组织的福利而自愿做出积极行为（Lester, Meglino & Korsgaard, 2008），强调了个体受价值观、内在动机驱动而自愿做出的一种他人导向（other oriented）的行为（Clary et al., 1998）；功利主义价值取向的研究认为，个体在互惠的规范下为了获得更多的回报或者回报预期而做出交易行为（Lester, Meglino & Korsgaard, 2008），强调了个体受回报或回报预期驱动而做出的一种自利导向（self-interested oriented）的行为（Cropanzano & Mitchell, 2005）。另外，李燕萍和涂乙冬（2012）的研究结论则更清楚地表明，尽管员工个体可能因为志愿主义和功利主义两大动机来驱动他们在工作场所的积极行为，但是个体受功利主义的驱动而做积极行为的影响要远远大于个体受志愿主义的影响。

作为组织行为领域重要的理论基础（Blau, 1964），社会交换理论和互惠理论（Grounlder, 1960）都表明，个体在社会中与他人发生着长期的、平衡的社会交换。这种交换的核心在于，当一方给予另一方时，另一方就负有回报义务感，而且在合适的时间进行回报，这种社会交换关系也可以被视作一种功利主义，因为给予的一方在付出的时候，他们有预期他们将要获得回报。因此，低层次的经济交换和高层次的社会交换，都可以被视作一种功利主义。

员工愿意参与组织的工作，表明了工作满足了员工的需求。一般来说，通过工作以获得相应的回报来满足自己的生存和安全需要是员工工作的基本动机。没有员工是不求任何回报、无偿地为组织（特指营利性组织）服务的。因此，本书将新生代员工在组织中为寻求正当的回报（例如薪酬、等价回报等）而工作（本质是为组织服务，并将他们的智力和体力给予组织）的价值倾向，命名为"功利导向价值观"。

总结已有文献，本书认为中国新生代员工的"功利导向"价值观并不影响如老一代员工那样为组织做贡献等集体主义行为。李燕萍和涂乙冬（2012）认为功利导向和志愿导向是同时并存的，也就是说个体寻求等价回报和合理回报的过程中，也可能会"爱岗敬业"。另有研究表明，员工在组织中，一方面为组织做出努力，更积极地工作，为了获得更多的晋升和职业产出等（李燕萍、涂乙冬，2011），他们会获得更多的经济上和情感上的回报。另一方面他们也会逐渐认同组织，认为自己是组织的一员，他们有使命感为组织奉献自己的努力，那么这个过程也会驱动个体更多地投入到工作和组织中。有众多研究表明，个体为了获取更多利益，依然爱岗敬业，勤奋努力，力求职业成功，进而获得更多的利益回报。因此，将中国新生代员工具有的"经济人"价值观特征定义为"功利导向"，我们也不必过多地担心新生代员工具有的"功利导向"价值观对老一代传统的"爱岗敬业"等社会准则造成的潜在冲击。

可见，成长于 20 世纪 80~90 年代的中国新生代员工，由于他们所经历的社会变革、经济发展以及成长背景等外在环境，与以往年代相比发生了巨大的变化，因此，以更加开放、全面及真实的质化研究作为手段来获取新生代员工的工作价值观，更符合工作价值观的情境化因素。同时，本书结论表明，中国新生代工作价值观与老一代员工的结构因子和内涵特征存在较大差异，但也保留了一些特征，这也证明本书的结论具有一定的延续性，以及确有部分中国老一代员工的工作价值观已经在新生代身上消失。

四、研究述评

国内当前对新生代员工的相关研究多为抽象、描述性分析，鲜有运用实证研究，尤其缺少运用规范、科学方法对新生代员工工作价值观进行探索。本书开展了两项质化研究，分别构建和分析了新生代工作价值观结构因子模型和内涵特征，不仅在方法论上实现了拓展创新，还在理论上获得更多有价值的成果。

研究一采用扎根理论方法，利用网络口传的二手数据，结合不同群体对新生代工作价值观的评价，真实展示了新生代员工在当代职场环境中的工作价值观导向，并得出由自我情感因素、物质环境因素、人际关系因素、革新特征因素四因子构建的中国情境下新生代员工工作价值观的结构因子模型1。该研究结论深入剖析新生代员工"自我—平等—革新—发展"的工作价值导向和内涵特征，他们既追求自我情感的满足，又渴望获得平等融洽的组织关系氛围，同时具备较强的革新意识，期待获得个人职业长期发展。

研究二以新生代员工对工作价值观开放式问卷的自我评价为样本来源，采用内容分析法，按照科学严谨的研究步骤，最终获得由功利导向、内在偏好、人际和谐、创新导向、长期发展五因子构建的新生代工作价值观结构因子模型2，并再次深入剖析了这些结构因子所反映的价值观内涵特征。该研究结论认为，中国新生代员工具有极富地域情境和时代特性的工作价值观导向：注重物质获取和利益回报，强调工作本身与自我需求的匹配，渴望拥有和谐稳定的人际关系，具有创造性工作理念，敢于挑战传统工作模式，期待职业生涯的长期发展。

从中国新生代工作价值观的两个结构因子模型和内涵特征来看，两者具有结构上的高度拟合性和内涵上的良好共通性。同时，从开展的中西方情境下的新生代员工，以及中国新生代与老一代员工的工作价值观对比分析来看，本书的结论与以往国内外的研究成果具有部分差异和共同点，这也比较符合工作价值观作为受情境化因素影响的内隐心理要素的特征，具有情境化差异，但也存在一定的稳定性和延续性。

综上证明，本书开展的中国新生代工作价值观探索，并不是修订国内外已有的工作价值观结论，而是完全扎根于中国情境，运用两次质化研究进行探索开发，这种研究范式的样本来源真实可靠，研究程序科学规范，研究结论客观全面。本书不仅有助于管理者理解新生代工作价值观的内涵特征，并根据新生代员工的工作价值观来制定科学有效的管理战略和政策，从而真正实现基于员工工作价值观的管理，也为下一章开展新生代员工工作价值观的量表开发提供了初始量表，奠定了良好的理论基础。

第四章
新生代员工工作价值观的结构测量和信效度检验

Chapter IV

国内外学者开展关于工作价值观结构及测量的研究成果颇丰，这为全面掌握工作价值观的结构特征和实证测量工作价值观的结构内涵提供了理论支持和技术保障。通过对国内外已有研究成果的系统梳理和分析，本书发现其中尚存不足之处。

首先，研究者通常沿用传统的工作价值观量表和结构理论来开展相关探讨，但是工作价值观的结构及测量问题，始终没有一致结论（Furnham, Batey, Anand & Manfield, 2006）。例如，Manhardt（1972）的由舒适与安全、能力与成长和地位与独立三维度构建的工作价值观结构理论（梁巧转、孟瑶、刘炬、袁博，2012），以及Super（1980）的由内在价值、外在工作价值和外在报酬三维度构建的工作价值观的结构理论，及由此建立的15个条目的工作价值量表（WVI）。同时期，Hofstede的工作价值观结构量表（Hofstede, 1980; Hofstede, Hofstede & Minkov, 1991）被众多学者引用，但另有学者质疑该量表的稳定性而选择其他测量工具（Voronov & Singer, 2002; Christopher, 2005）。

其次，由于成长背景差异以及社会意识形态受到经济全球化、多元化和信息化的多重影响，新生代员工具有高度的成就导向，喜欢自主工作（Westerman & Yamamura, 2006），享受工作的意义和乐趣，追求工作和生活的平衡（Twenge et al., 2010），注重平等和公平，漠视权威（Shri, 2011）等工作价值观特征，这显然与老一代有所不同。因此，以20世纪50~70年代的员工为样本开发的传统工作价值观量表对新生代员工群体存在适用性问题。

最后，员工的工作价值观受到特有的文化和社会心理因素的影响，是"对情境敏感"（context-sensitive）的构念（Rousseau & Fried, 2001）。原有工作价值观量表的开发及验证，大多以西方文化情境为基础，而中国情境下的研究结论成果甚微。中国本土已开展的新生代工作价值观量表研究，也仅以西方成熟量表为基础进行修订或推论，并未对当代中国员工的工作价值观进行开放式探索,如宁维卫(1996)对 Super 的工作价值观量表修订后制作了中文版。另外,样本的获取和研究方法的检验存在局限性,如李燕萍和侯烜方(2012)运用扎根理论得出新生代员工的工作价值观结构模型。该研究只是质化地提出了议题,缺乏实证研究的论证。

针对上述的研究不足,本章开展研究三和研究四两项量化研究:研究三采用问卷调查法收集大样本数据,运用探索性因子分析法对研究二开发的新生代工作价值观初始量表进行结构探索,并由此获得新生代员工工作价值观的修订量表,再对该修订量表进行效度检验;研究四再次采用问卷调查法,收集中度样本数据,运用验证性因子分析、结构方程模型、相关分析和多元回归分析等方法分别对新生代员工工作价值观修订量表的结构效度、区分效度、预测效度进行检验,从而最终开发出具有良好信度和效度的新生代员工工作价值观量表。

在质化研究的成果基础上,研究三和研究四都以中国本土企业的新生代员工为样本来源,开展两次量化实证研究,分别探索和验证符合中国情境的新生代工作价值观量表。本章不论在样本的选择、方法的运用,还是量表的有效性检验,都对新生代员工工作价值观结构的探索有所启示。

第一节 研究方法

为了更好地检验新生代工作价值观问卷的因子结构及测量的有效性，本书通过问卷二和问卷三收集的数据进行验证：问卷二主要用于探索新生代工作价值观初始量表的因子结构，以及验证修订量表的信度；问卷三用于验证新生代工作价值观修订量表的结构效度、区分效度和预测效度。

一、研究样本及程序

（一）初始量表样本

2012年5~6月，研究三以湖北、广东、上海、河南等地企业的20个分支机构或单位为样本来源开展调研，企业涉及互联网/通信电子、金融、能源/化工等新生代员工主要从事的行业。所有问卷二都装入密封信封中，统一交由企业人力资源部负责人安排发放，并告知新生代员工在20分钟内采用自我报告的方式匿名填写，现场发放和回收。问卷统计后得出：共发放540份问卷，回收529份，其中有效问卷502份，有效问卷回收率为95%。被试中男性240人（占48%）、女性262人（占52%），平均年龄为25周岁，平均工龄3年，具有大专及以下学历占19%、大学本科占69%、硕士及以上为13%，分布在外资、合资和国有企业的比例分别为40%、10%和50%。如表4-1、表4-2所示。

表4-1 样本来源企业的性质和所属行业

企业性质/行业类型	企业数量（家）	所占比例（%）
国有	10	50
外资	8	40
合资	2	10
互联网/通信电子	8	40
金融	5	25

续表

企业性质/行业类型	企业数量（家）	所占比例（%）
批发/零售	4	20
建筑/房地产	3	15

表4-2 被试员工的性别和学历占比

性别/学历	人数（人）	占比（%）
男	240	48
女	262	52
大专及以下	91	19
本科	346	69
硕士及以上	65	13

（二）修订量表样本

2012年6~7月，研究四以华中地区的3家合资和民营企业为样本来源开展调研。所有问卷三装入密封信封，统一交给被调查机构的人力资源管理部门主管，采取现场发放并回收的方法，由新生代员工在20分钟内匿名自我报告工作价值观。

问卷统计后得出：共发放250份问卷，回收了230份（回收率达92%），有效问卷208份，有效问卷回收率为90%。被试员工中，男性122人（占59%）、女性86人（占41%），平均年龄为27岁，平均工龄为4年，具有大专及以下学历占28%、大学本科占46%、硕士及以上为26%。如表4-3、表4-4所示。

表4-3 样本来源企业的性质和所属行业

企业性质/行业类型	企业数量（家）	所占比例（%）
合资	1	33
民营	2	67
互联网/通信电子	1	33
金融	1	33
建筑/房地产	1	33

表 4-4 被试员工的性别和学历占比

性别/学历	人数（个）	占比（%）
男	122	59
女	86	41
大专及以下	79	28
本科	100	46
硕士及以上	29	26

二、测量工具

新生代工作价值观初始量表。在问卷二中采用研究二编制的 26 个条目的新生代工作价值观初始量表（见表 4-5），其在本书中的信度为 0.92。

表 4-5 新生代员工工作价值观的初始问卷

编号	问题	很不重要	不太重要	一般重要	比较重要	非常重要
1	较好的薪酬福利	1	2	3	4	5
2	不断增长的薪酬	1	2	3	4	5
3	在工作中，追求利益最大化	1	2	3	4	5
4	努力付出会有等价回报	1	2	3	4	5
5	自由工作，不受约束	1	2	3	4	5
6	快乐工作	1	2	3	4	5
7	工作与个人兴趣爱好匹配	1	2	3	4	5
8	工作是有价值和重要的	1	2	3	4	5
9	以自我为中心，注重自己的感受	1	2	3	4	5
10	工作有趣味性	1	2	3	4	5
11	弹性工作时间	1	2	3	4	5
12	工作与生活的平衡	1	2	3	4	5
13	在工作中，公平竞争	1	2	3	4	5

续表

编号	问题	很不重要	不太重要	一般重要	比较重要	非常重要
14	融洽的工作氛围	1	2	3	4	5
15	领导平易近人	1	2	3	4	5
16	同事之间互相尊重	1	2	3	4	5
17	团队有平等的人际关系	1	2	3	4	5
18	创造性的工作理念	1	2	3	4	5
19	富有挑战性的工作	1	2	3	4	5
20	工作不是墨守成规	1	2	3	4	5
21	创新性的工作	1	2	3	4	5
22	良好的发展空间	1	2	3	4	5
23	不错的发展前景	1	2	3	4	5
24	良好的职业发展规划	1	2	3	4	5
25	积累工作经验	1	2	3	4	5
26	良好的晋升机制	1	2	3	4	5

新生代员工工作价值观修订量表。在问卷三中采用初始量表进行结构探索后所得的 20 个条目的新生代员工工作价值观修订量表（见表 4-6），其在本书中的信度系数为 0.95。

表 4-6 新生代员工工作价值观的修订问卷

编号	问题	很不重要	不太重要	一般重要	比较重要	非常重要
1	较好的薪酬福利	1	2	3	4	5
2	不断增长的薪酬	1	2	3	4	5
3	在工作中，追求利益最大化	1	2	3	4	5
4	努力付出会有等价回报	1	2	3	4	5
5	工作与个人兴趣爱好匹配	1	2	3	4	5
6	工作是有价值和重要的	1	2	3	4	5
7	工作有趣味性	1	2	3	4	5

续表

编号	问题	很不重要	不太重要	一般重要	比较重要	非常重要
8	弹性工作时间	1	2	3	4	5
9	融洽的工作氛围	1	2	3	4	5
10	领导平易近人	1	2	3	4	5
11	同事之间互相尊重	1	2	3	4	5
12	团队有平等的人际关系	1	2	3	4	5
13	创造性的工作理念	1	2	3	4	5
14	富有挑战性的工作	1	2	3	4	5
15	工作不是墨守成规的	1	2	3	4	5
16	创新性的工作	1	2	3	4	5
17	良好的发展空间	1	2	3	4	5
18	不错的发展前景	1	2	3	4	5
19	良好的职业发展规划	1	2	3	4	5
20	良好的晋升机制	1	2	3	4	5

新生代工作价值观的初始量表和修订量表都采用李克特5点计分法，从"很不重要"到"非常重要"分别计为"1"到"5"分。

工作偏差行为。采用Aquino等（1999）运用的4个条目的量表，在问卷二使用，举例条目是"我会不服从上级的指示"，在本书的信度系数为0.71。

核心自我评价。采用Judge等（2003）编制的12个条目的量表，在问卷三使用，举例条目是"我有信心取得我应当取得的成就"，在本书的信度系数为0.75。

内在动机。采用Zhang和Bartol（2010）使用的3个条目的量表，在问卷三使用，举例条目是"我喜欢找到复杂问题的解决方案"，在本书的信度系数为0.82。

工作偏差行为、核心自我评价和内在动机量表都采用李克特5点计分，从"1"到"5"分别是"很不同意"到"非常同意"。

三、统计方法

本书运用 SPSS 和 AMOS 软件，研究三分别对新生代工作价值观初始量表的结构因子和修订量表信度进行探索性因子分析和相关分析；研究四分别对新生代工作价值观的修订量表的结构效度、区分效度和预测效度进行了探索性因子分析、结构方程模型、相关性和多元回归分析。

第二节 研究结果

一、新生代工作价值观初始量表的探索分析

本书首先用 SPSS 统计软件对新生代工作价值观初始量表的 26 个条目进行探索性因子分析。通过 Bartlett 球形检验（$X^2=4227$，df=190，$p<0.001$）及 KMO 检验（KMO=0.79），表明各条目之间可能共享潜在因子，因此，适合进行因子分析。

其次采取主成分分析法对所得因子进行 Promax 斜交旋转，以因子负荷量 0.40 作为取舍点，提取特征根大于 1 的因素，逐步删除在多个因子上超过 0.35 的多重负荷项目以及多重负荷之间相差不超过 0.20 的条目。结果在第二个因子中删除条目 Q5（"自由工作，不受约束"）、条目 Q6（"快乐工作"）、条目 Q9（"以我为中心，注重自己的感受"）、条目 Q12（"工作与生活的平衡"），在第三个因子中删除条目 Q13（"公平竞争"），在第五个因子中删除条目 Q25（"积累工作经验"）。

最后本书得到含有 20 个条目、五个因子的新生代工作价值观修订量表（见表4-7）。结果表明，五个因子的条目分布合理，而且每个条目在相应因子上的负荷较高，五个因子累计方差解释率为 68.19%，较好地支持了本书前述的五因子结构。

表4-7 新生代工作价值观量表的因子结构

条目	探索性因子分析				
	功利导向	内在偏好	人际和谐	创新导向	长期发展
Q1. 较好的薪酬福利	0.73				
Q2. 不断增长的薪酬	0.85				
Q3. 在工作中，追求利益最大化	0.81				
Q4. 努力付出会有等价回报	0.78				
Q7. 工作符合自己的兴趣爱好		0.85			
Q8. 工作是有价值和重要的		0.86			
Q10. 工作有趣味性		0.85			
Q11. 弹性工作时间		0.84			
Q14. 融洽的工作氛围			0.79		
Q15. 领导平易近人			0.85		
Q16. 同事之间互相尊重			0.82		
Q17. 团队有平等的人际关系			0.77		
Q18. 创造性工作理念				0.83	
Q19. 富有挑战性的工作				0.84	
Q20. 工作不是墨守成规的				0.78	
Q21. 创新性的工作				0.81	
Q22. 良好的发展空间					0.86
Q23. 不错的发展前景					0.82
Q24. 良好的职业发展规划					0.85
Q26. 良好的晋升机制					0.83
特征根	3.56	2.89	2.7	2.44	2.04
方差解释量（累计解释率为68.19%）	17.82	14.43	13.51	12.21	10.22

注：n=502。

二、新生代工作价值观修订量表的信度检验

信度是指测量项目的准确性或精确性,用于衡量数据的稳定性与一致性。信度的检验一般采取信度系数作为评判标准。在实际应用中,如果信度系数超过0.70,表明指标的一致性较好,信度较高;如果系数在0.5与0.7,信度可以接受,而低于0.35则应予以放弃(李怀祖,2004)。另外,量表中的条目与总体相关系数值应大于0.35。

本书还从信度系数、条目与总体相关检验以及删除该条目后信度系数的变化三个方面对功利导向、内在偏好、人际和谐、创新导向和长期发展五个因子进行了项目分析和信度分析,结果如表4-8所示。

表4-8 新生代员工工作价值观的条目和信度分析

题目	信度系数	该条目与总体相关	删除该条目后信度系数
功利导向	0.81		
Q1		0.55	0.79
Q2		0.69	0.72
Q3		0.63	0.75
Q4		0.61	0.76
内在偏好	0.87		
Q7		0.72	0.84
Q8		0.75	0.83
Q10		0.73	0.84
Q11		0.72	0.85
人际和谐	0.82		
Q14		0.63	0.79
Q15		0.68	0.76
Q16		0.68	0.76
Q17		0.60	0.80
创新导向	0.83		
Q18		0.69	0.77
Q19		0.67	0.78

续表

题目	信度系数	该条目与总体相关	删除该条目后信度系数
Q20		0.61	0.81
Q21		0.66	0.78
长期发展	0.86		
Q22		0.74	0.81
Q23		0.69	0.84
Q24		0.73	0.82
Q26		0.69	0.83

注：n=502。

结果表明，功利导向、内在偏好、人际和谐、创新导向和长期发展等价值观的信度系数分别为 0.81、0.87、0.82、0.83、0.86，可见各个因子内部条目的信度较好（DeVellis, 1991）。从条目与总体的相关性来看，所有条目与总分相关性均比较高，这表明新生代工作价值观修订量表具有较高的信度和稳定性。

三、新生代工作价值观修订量表的效度检验

（一）结构效度检验

基于问卷三的数据，本书通过验证性因子分析，检验了五因子的新生代工作价值观的结构效度。首先，本书检验了一阶五因子模型。结果表明，一阶五因子模型具有较高的拟合度（$\chi^2 = 303.42$，df = 160，$\chi^2/df = 1.90$，RMR = 0.02，GFI = 0.871，CFI = 0.96，TLI = 0.95，IFI = 0.96，RMSEA = 0.07），各因子结构之间存在较高的相关性（相关系数位于 0.78~0.97，显著性都在 $p<0.001$），这表明五个因子可能存在着二阶结构（见图 4-1）。

其次，本书检验了二阶结构。结果表明，二阶结构模型具有较高的拟合度（$\chi^2 = 328.27$，df = 165，$\chi^2/df = 2.00$，RMR = 0.03，GFI = 0.86，CFI = 0.95，TLI = 0.94，IFI = 0.95，RMSEA = 0.07），新生代工作价值观对五个因子有很高的影响（系数位于 0.85~0.97，显著性都在 $p<0.001$）。如图 4-2 所示。

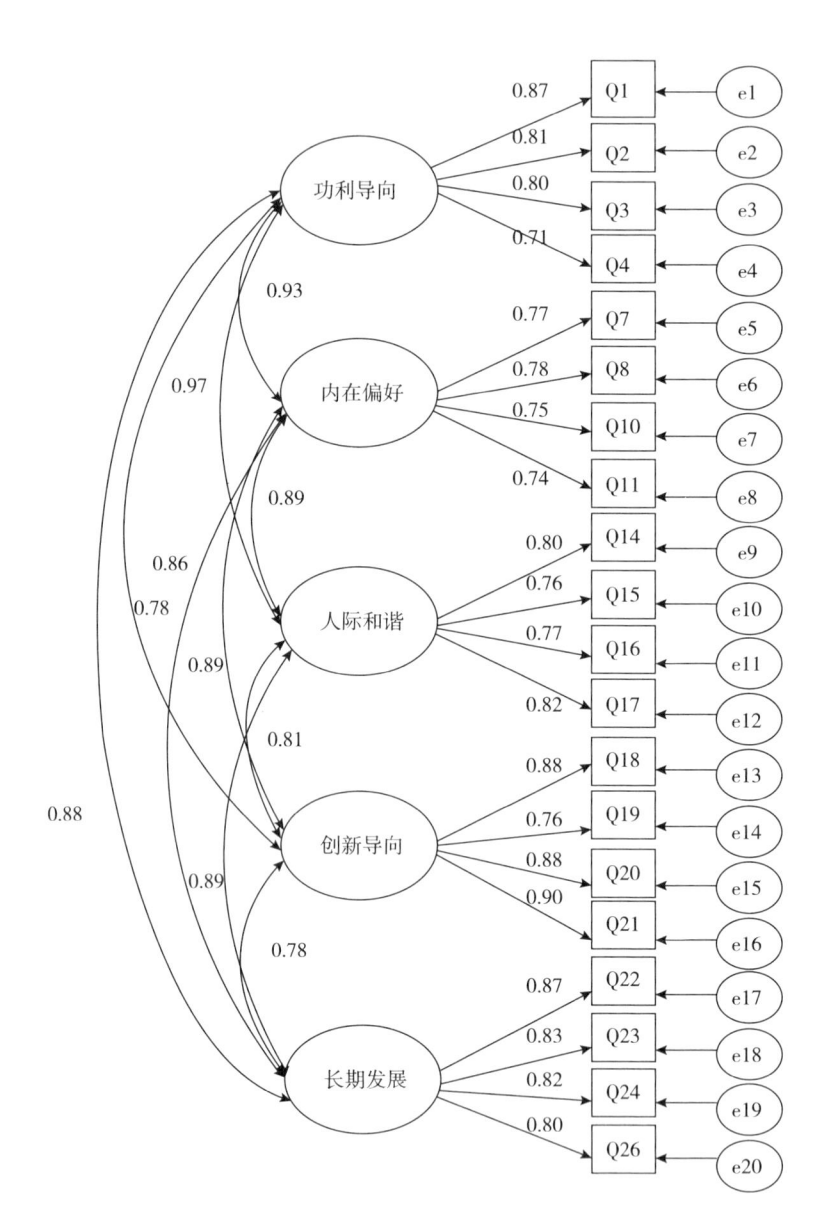

图 4-1 新生代员工工作价值观 1 阶五因子结构模型路径图

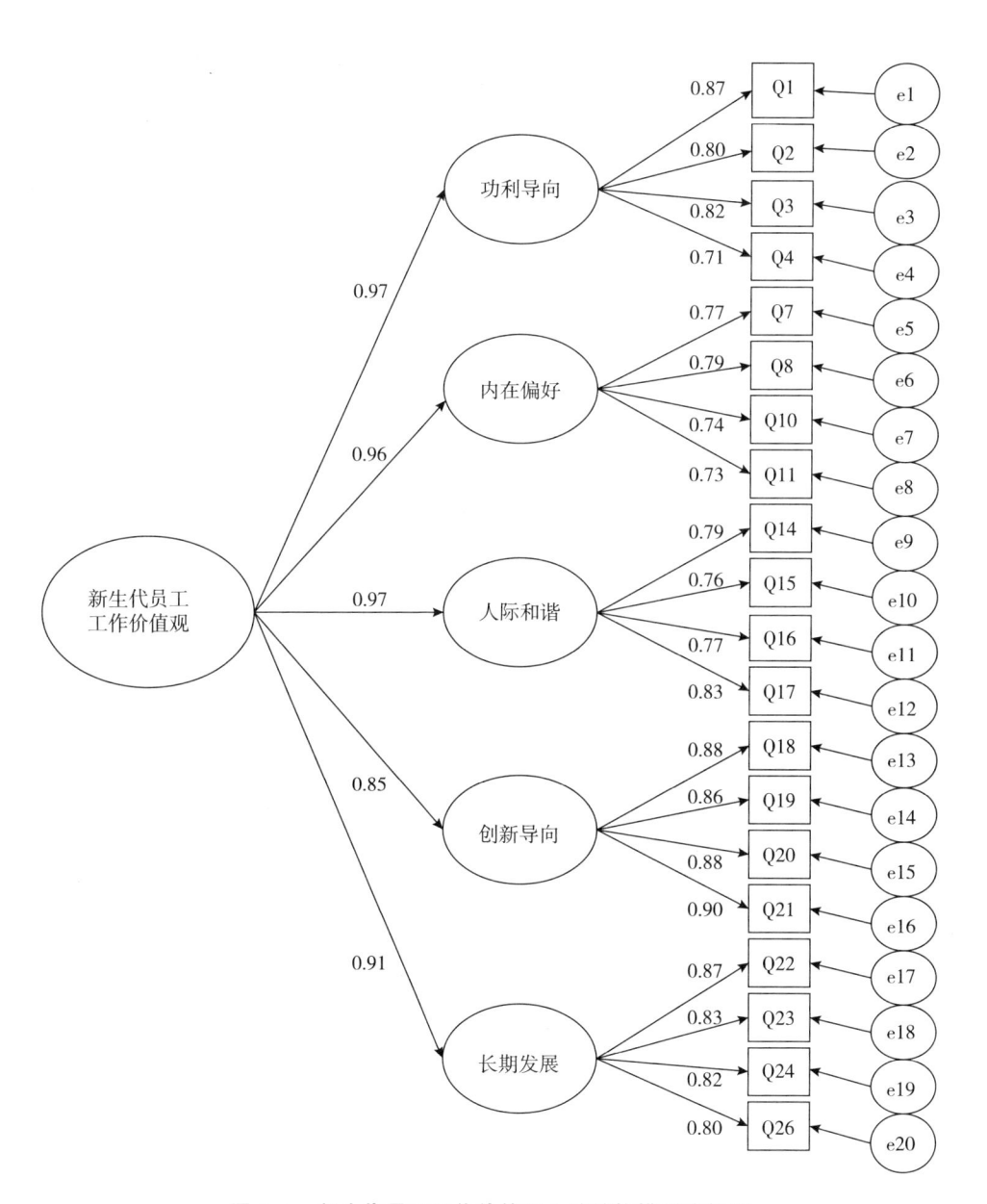

图 4-2 新生代员工工作价值观 2 阶结构模型路径图

通过比较显示，二阶结构模型在理论和统计上更为合适。因此，本书认为新生代工作价值观修订量表具有良好的结构效度。

(二) 区分效度检验

为了检验新生代工作价值观与其他变量之间是否具有良好的区分效度，本书以新生代工作价值观和核心自我评价为例进行检验。工作价值观是个体关于工作的原则、伦理、信念的认知，是一种直接影响行为的内在思想体系(Elizur, 1984)，而核心自我评价是个体对自我核心人格特质的认知，为个体对自身能力和价值所持有的最基本的评价 (Judge et al. , 2001)，两者在理论上都属于个体内隐的认知体系范畴。同时，有学者研究发现工作价值观和核心自我评价与工作满意度和工作绩效都存在显著相关性 (杜建政、张翔、赵燕, 2007; George & Jones, 1996)，可见两者在理论构念和实践检验等方面都非常接近。

因此，本书参考 Mathieu 和 Farr (1991) 的两种运用结构方程模型检验相近变量区分效度的方法 (陈晓萍、徐淑英、樊景立, 2008)，选取问卷三的数据，检验新生代工作价值观与核心自我评价的区分效度。首先，通过合并理论概念后模型拟合性的变化来分析模型的优次。结果表明，二因子模型 (χ^2 = 31.70, df = 13, χ^2/df = 2.45, RMR = 0.01, GFI = 0.96, CFI = 0.98, TLI = 0.97, IFI = 0.98, RMSEA = 0.08) 比一因子模型 (χ^2 = 47.12, df = 14, χ^2/df = 3.37, RMR = 0.02, GFI = 0.94, CFI = 0.97, TLI = 0.95, IFI = 0.97, RMSEA = 0.11) 更优。

其次，如果两个构念不同，那么在预测其他变量上也有差异。本书将新生代工作价值观和核心自我评价作为自变量对员工内在动机进行回归系数估计，并比较自由估计和固定系数两种情形时模型的拟合度。在未设定系数，允许自由估计时，模型拟合度较好 (χ^2 = 96.75, df = 32, χ^2/df = 3.02, RMR = 0.03, GFI = 0.91, CFI = 0.94, TLI = 0.92, IFI = 0.94, RMSEA = 0.09)。在设定 4 个系数为 0.5, 不允许自由估计时，模型拟合度为 (χ^2 = 131.84, df = 34, χ^2/df = 3.88, RMR = 0.09, GFI = 0.89, CFI = 0.91, TLI = 0.89, IFI = 0.92, RMSEA = 0.12)，比较这两个模型，自由探索模型可以接受，而固定系数模型的拟合性达不到阈值。

因此，上述两种方法都表明新生代员工工作价值观和核心自我评价是不同的变量，具有良好的区分效度。

(三) 预测效度检验

效标是指在逻辑关联网络中与测量构念有关的其他变量，预测效度则是测量工具得分与效标间的相关程度，当测量工具有良好的预测效度时，代表测量分数与效标之间的关系越强，支持的逻辑关联网络关系越多（Crocker & Algina，1986）。

本书运用问卷二和问卷三的数据，检验新生代工作价值观对工作偏差行为和内在动机两个效标的预测效度。工作偏差行为是员工自发地做出违反组织规范、损害组织和组织成员利益的行为（Robbinson & Bennett，1995），受组织管理者重点防范和控制。Bardi 和 Schwartz（2003）研究验证了工作价值观显著影响工作行为和决策，由此本书提出假设：新生代员工工作价值观对工作偏差行为具有负向预测作用。

内在动机是指被任务本身所吸引或引发的工作动力（Deci & Ryan，1985），并与员工的一系列工作态度和行为显著正相关（Amabile，1996），是员工卷入到工作中的重要心理机制。大量的研究表明，内在动机作为一种内在认知，可以由个体因素和外部因素的前因变量引起（Rousseau & Fried，2001）。本书认为工作价值观作为一种关于工作的信念与偏好，是引起内在动机的重要因素，由此提出假设：新生代工作价值观对内在动机具有正向预测作用。

问卷二的数据表明，新生代工作价值观对工作偏差行为具有显著负向作用（$r=-0.32$，$p<0.01$）；问卷三的数据表明，新生代工作价值观对内在动机具有显著正向作用（$r=0.15$，$p<0.05$）。由此得出，新生代工作价值观对个体的态度、认知与行为具有显著预测效度。

第三节　研究述评

在研究二的基础上，研究三采用大样本的实证研究设计，通过问卷二的数据对五因子、26个条目的新生代工作价值观初始量表进行探索性因子分析，结果开发出具有良好信度的五因子、20个条目的新生代工作价值观修订量表。然后，本书运用相关分析对该修订量表进行了信度检验。结果表明，新生代工作价值观修订量表中的功利导向、内在偏好、人际和谐、创新导向、长期发展五个因子的信度系数良好，具有较高的内部一致性和稳定性。

为进一步检验新生代工作价值观修订量表的构念效度，研究四采用中度样本的实证研究设计，通过问卷三的数据分别验证了该修订量表的结构效度、区分效度和预测效度。结果表明，新生代工作价值观的量表开发程序科学、严谨，存在具有良好构念效度的二阶结构模型，与核心自我评价变量不同，并对个体的态度、认知和行为具有显著的预测作用。因此，本书严格按照规范步骤开发的新生代工作价值观量表，具有良好的信度和效度，这为下一章开展多元纵向设计的实证研究提供了可靠的测量工具。

结合上一章的两项质化研究，本书认为有必要进行系统分析和诠释：探索开发中国情境下的新生代工作价值观量表为何没有沿用修订国外成熟量表的思路，而是扎根于中国本土新生代员工对工作价值观的评价，通过质化和量化相结合的方式，不断在理论和统计的基础上实证探索得出。具体包括以下四个方面：

第一，适用性方面。成长于20世纪80~90年代的中国新生代员工，他们所经历的社会变革、经济发展以及成长环境等外在因素，与以往年代相比发生了巨大的变化，因此，使用国内外已有量表来测量中国新生代员工的工作价值观，不论是地域因素还是时代因素都存在适用性问题。本书认为，以更加开放、客观的质化和量化相结合的研究手段来获取新生代工作价值观量表，更符合工作价值观的情境化特征。

第二，研究方法方面。关于量表开发的方法选择，有些学者引用并修订以往的量表，也有学者完全开放式地进行新量表的开发，两种方法各有优点。国内已有学者对国外工作价值观量表进行修订后获得中国工作价值观量表，但此类研究并未聚焦新生代群体，中国新生代工作价值观量表理论不足。因此，本书以质化和量化相结合的研究方法对新生代工作价值观进行量表开发，其研究目的并不是全部推倒已有量表成果，而是填补已有理论的不足，以更全面、更准确地获得中国新生代特有的工作价值观量表。

第三，研究过程方面。上一章中的研究二扎根于新生代员工对工作价值观全面而直接的开放式回答，再通过科学规范的质化研究为手段，每一步都参考了学术界权威期刊的规范步骤，以及严格的遴选原则和删除标准，最终获得五因子、26个条目的新生代工作价值观初始量表。本章的研究三和研究四采用大样本和中度样本的实证研究设计，通过探索性因子分析、验证性因子分析、结构方程模型、相关性和多元回归分析等方法，分别开展了新生代工作价值观修订量表的探索研究，以及信度和效度检验。所有的质化和量化研究过程，科学、规范、严谨，保证了整个过程的内容效度。

第四，研究结论方面。本书开发出的中国新生代工作价值观量表，并未全部否定国内外已有价值观量表，各因子的相关条目和以往成熟量表有一定重合，这反映出工作价值观受情境化因素影响。不论横向的中西方工作价值观还是纵向的中国本土老一代和新生代工作价值观，都存在部分因子及其条目的异同，这也足以证明中国新生代员工工作价值观量表是以往量表的延续和部分变革。

综上，由于文化的差异，西方工作价值观在我国面临"水土不服"的尴尬境地，且已有的工作价值观量表适应于老一代员工，而对新生代群体存在适应性问题。本书有针对性地选择了多行业、跨区域的企业作为研究样本来源，采用质化和量化相结合的研究方法，最终开发出五个因子、20个条目的具有良好信效度的新生代员工工作价值观量表，这为构建中国情境化理论做出了重要的尝试。研究的适用性、方法、过程、结论等各方面表明，本书的处理具有科学性、合理性，这些理由可以支撑我们全新地开发中国新生代员工工作价值观的量表，而不仅仅在西方研究成果的基础上做一定的修订。

第五章
新生代员工工作价值观对工作绩效的影响机理

Chapter V

本章重点探究中国组织文化下的新生代工作价值观对工作绩效的影响机理。已有研究认为，工作价值观是一种直接影响行为的内在思想体系（Elizur，1984），被视为员工明辨是非及确定偏好时采用的工作相关标准（Dose，1997）。它会影响员工的工作意愿或目标，进而影响其努力程度与工作行为表现（Locke et al.，1986），也会以工作满意度为中介影响工作绩效（Fishbein，1998）。然而，这些关于工作价值观与工作绩效的研究缺乏中国新生代员工样本的论证。本书的前期研究已准确获得了新生代工作价值观的功利导向、内在偏好、人际和谐、创新导向和长期发展五类结构因子，并较完整地解释了该结构的内涵特征。由于当代中国的新生代员工面临着激烈的职场竞争，从自我验证理论和社会交换理论可以探知，受利益交换的心理特征和未来发展的不确定性影响，新生代员工将强化自我价值观方面的概念，进而形成对工作绩效新的影响，这是本章首要探究的理论问题。

内在动机源于人们对自我决定和胜任内生、有机的需要（Deci et al.，1989），取决于其信念和价值观。它作为一种内在认知，可以由个体因素以及外部因素的前因变量引起（Rousseau & Fried，2001），并与员工的一系列工作态度和行为显著正相关（Amabile，1996）。新生代员工比老一代的员工更注重自我感受和内在体验，更强调工作的乐趣和胜任感。因此，本书认为新生代员工的这些内在心理动机，应该会在新生代员工的工作价值观对工作绩效的影响路径之间起到某种效应，由此展开的研究既可以拓展中国情境化理论实践，也可以丰富工作价值观与工作绩效路径关系理论。

组织文化是指被一个组织的大多数成员共同遵循的基本信念、行为规范和价值标准，由组织在长期的生存发展中形成（Williams et al.，1989），它虽然不能给组织直接创造经济效益，但能通过影响组织内外不同的利益相关者的态度和行为，间接影响组织绩效，推动组织的成长和发展（卢美月、张文贤，2006）。由于中国的社会、经济面临着巨大变革，老一代与新生代之间的工作价值观也存在着较大差异,如何塑造与新生代员工的工作价值观更加匹配的组织文化,从而有效地激发出新生代员工的工作激情,进而提升绩效水平,成为本书最后一个重要命题。

为解决以上议题,本章将开展研究五。采用多元纵向研究设计,对新生代员工的自评数据和员工领导的他评数据进行配对,运用验证性因子分析、相关性分析、结构方程模型和多元回归分析,分别探析新生代工作价值观、内在动机、工作绩效等各变量的区分效度和描述性统计分析结果,以及检验新生代工作价值观对工作绩效的直接影响效应、内在动机对新生代工作价值观与工作绩效关系的中介效应,以及组织文化对新生代工作价值观与工作绩效关系的调节效应。

第一节 研究模型

　　自我验证理论的核心假设是指，人们为了获得对外界的预测感和控制感，并保持和强化他们原有的自我概念，会不断地寻求或引发与其自我概念相一致的反馈，也会为保持自己的观点，以及参与证明、支持和强化自我信念和调和他人不同自我信念的差异而被激励（Swann，1990）。当人们从事与自己观点相符的工作时，他们习惯强调控制和自信的感觉；当人们参与到与自己观点相悖的活动中时，他们通常感到不安和不确定（Swann et al.，2002）。因此，在组织中个体通常会通过系统地表达自我观点来迎合其他组织成员的观点，以此力求确保他们自我观点得到认可的评价（Sonnentag & Frese，2002）。这为更好地理解价值观与行为之间的关系提供了理论视角（Shao & Resick，2011）。正处中国经济、社会转型期的新生代员工，既受到鲜明工作价值观的内在驱动，例如强调工作与兴趣匹配、注重和谐人际氛围（侯烜方、卢福财，2018；侯烜方、李燕萍、涂乙冬，2014），又要客观面对日趋激烈的职场和市场竞争，例如商业模式变革对组织存续的挑战，以及代际差异引发的职场冲突。因此，新生代员工出于对未来不确定性的规避或控制，以及对代际之间不同价值观引发的观念差异的调和，他们将强化内在的某种动机和价值偏好等自我概念，从而实施与此类自我概念相一致的行为。该理论主要解释新生代员工的内在偏好和人际和谐价值观与其他变量的作用关系。

　　社会交换理论表明，社会成员希望通过互动与交换从对方那里获取回报是社会成员进行个体交换行为的动力来源，这些交换回报主要包括物质金钱、服从、社会认可与尊敬等（沈伊默等，2009）。在组织内部发生的社会交换过程中，员工只有自身需求（物质或者精神）得到满足的情况下才可能实施更加积极的角色内和角色外行为。因此，组织能否为其员工提供适当的回报是协调员工个体目标与组织目标保持一致的基本前提（Van Dick et al.，2004）。企业的经济属性和市场属性决定了其在构建、开发和管理人力资本的社会交换角色，而注重自我内在情感体验、投入与物质回报和个人发展空间的新生代员工在做好本职工作和实施利他行为方面深谙社会交换理念。因此，组织与员工如何平衡自我角色在社会交换过程中的投入与回报，并最终形成目标的一致和成果的共赢，不仅是社会交换理论在现代企业管理实践中的重要体现，也将是本书聚焦中国新生代员工管理研究的命题之本。该理论主要解释新生代员工的功利和创新导向、长期发展等价值观与其他变量的作用关系。

综合国内外已有的研究成果，并以自我验证和社会交换理论为基础，本书认为新生代工作价值观作为个体内隐的心理要素，内在动机为个体满足自我兴趣爱好、好奇心和成就感方面的工作动机，都可能对员工个体的工作绩效产生影响。而组织文化作为一种环境要素，也可能与工作绩效存在直接影响或调节效应，因此，本书构建出以下研究模型，旨在深入探析模型中各要素的影响关系和作用机理。如图 5-1 所示。

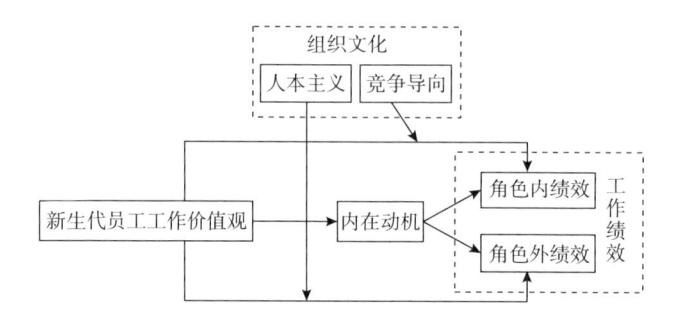

图 5-1　组织文化调节下的新生代员工工作价值观、内在动机对工作绩效的影响

第二节　研究假设

一、新生代工作价值观对工作绩效的直接影响

（一）新生代工作价值观与角色内绩效

社会交换理论认为，社会成员进行个体交换行为的动力源于社会成员希望通过互动与交换从对方那里获取报酬（包括物质和精神层面）（沈伊默等，

2009）。新生代员工的工作价值观具有功利导向、创新导向、长期发展、内在偏好和人际和谐五个因子（侯烜方，李太，2016；侯烜方、李燕萍、涂乙冬，2014）。其中，功利导向、创新导向和长期发展价值观表明新生代员工重视物质回报和利益最大化，并且积极推动创意的产生和实施，以及努力做好本职工作以取得职业生涯的长期发展。基于社会交换视角，新生代员工在物质回报、创新驱动和发展意愿的影响下促进了角色内绩效的提升，从而获取更大的收益回馈。

另外，在自我验证理论框架下，工作价值观作为一种内在认知，个体在职场中会表现出与认知一致的行为（Shao, Resick & Hargis, 2011）。有研究表明，工作价值观与积极情感正相关（Hou, 2017；李燕萍，侯烜方，2012），因此，本书认为追求内在偏好和强调人际和谐的价值观导向会促使新生代员工保持一种积极的自我情感，进而做出与这种自我情感相一致的工作行为，体现在工作中就是更关注工作本身的吸引力，以及维护良好的人际互动关系。这些对新生代员工重视工作内在的意义，挖掘工作过程的乐趣，聚焦工作内容的价值和重要性，进而改善角色内绩效建立了积极的认知基础。

具体而言，功利导向价值观表明新生代员工重视物质回报，希望在工作中获得最大化的收益。个体是一个注重经济回报的"经济人"，就希望通过更多的工作绩效来获取更大的回报。因此，新生代员工会做出更多的角色内绩效来提高工作业绩，从而获取更大的收益。内在偏好价值观表明新生代员工更关注工作本身的吸引力，并寻求与自我内在偏好相匹配的工作环境。在一个自我满足感更强、更适合自我的工作环境中工作，新生代员工会做出更高的角色内绩效。人际和谐价值观使新生代员工在工作中主动与领导、同事及下属形成和谐的互动关系，从而使新生代员工在工作中获得更多的人际支持，进而获得更高的角色内绩效。

创新导向价值观使新生代员工更积极地接受工作挑战，用新的创意、流程和方法来完成各项工作，不断提高角色内绩效。长期发展价值观使新生代员工更注重长期导向的发展体验和职业规划。新生代员工为实现职业生涯的长期发展，势必要求做好本职工作，从而促进了角色内绩效的实现。另外，有学者研究表明工作价值观与积极情感正相关，与消极情感负相关（George & Jones, 1996）。因此，本书认为新生代工作价值观会使新生代员工保持积极的自我情感，进而使新生代员工做出与这种自我情感相一致的工作行为，体现在工作中就是完成好各项工作内容。

(二) 新生代工作价值观与角色外绩效

社会交换理论表明社会成员在互动过程中不仅注重物质利益的互惠，还希望通过互动行为获得更多的社会认可和尊敬。从短期来看，具有功利导向价值观的新生代员工为了追求短期、直接利益而不愿意完成更多的角色外绩效，但是，已有研究表明角色外绩效具有工具性特征（Hui, Lam & law, 2000）。员工完成角色外绩效并非出于纯粹的志愿主义，而是受制于更多的功利主义（李燕萍、涂乙冬，2012）。因此，从长期来看，功利导向价值观与角色外绩效仍为一致，员工会通过实现更多的角色外绩效来获取长期、间接利益。同时，创新导向价值观通常强调团队协作和信息共享，这将促使新生代员工超出工作角色要求而实施角色外的行为（涂乙冬、李燕萍，2012），并通过资源支持、建言献策来创新工作流程和方法进而提升角色外绩效，获得更多的组织认同和个体尊重。

Swan 等（2000）运用自我验证理论来解释个体的价值观与职场中的人际利他行为的关系，并认为拥有积极角色认知的个体，其积极行为也会促进角色外绩效。当寻求到与内在需求相匹配的工作环境时，具有内在偏好价值观的新生代员工将获得更大的价值认知，并更主动地发掘工作乐趣（侯烜方、卢福财，2018；李燕萍、侯烜方，2012），以及实施与积极角色认知一致的利他行为，从而有利于提升角色外绩效。另外，为了弱化职场竞争中的不确定性和不安全感，新生代员工在人际和谐价值观主导下，更愿意维护稳定的团队关系和强化积极的角色认知，而良好的人际氛围有助于促进实施更高质量的组织公民行为（Shao, Resick & Hargis, 2011），从而进一步促进角色外绩效。

具体而言，功利导向价值观表明新生代员工重视自我付出所获得的收益，而角色外绩效往往是不记入绩效考核范围。从短期来看，具有功利导向价值观的新生代员工为了获得薪酬增长和物质回报而不愿意做出非奖励制度范畴内的角色外绩效。然而，近年来的研究表明，角色外绩效具有工具性的特征（Hui, Lam & Law, 2000）。新生代员工实施非本职工作要求的角色外行为也有可能受到长期导向的功利主义影响（李燕萍、涂乙冬，2012；涂乙冬、李燕萍，2012）。因此，功利导向价值观与角色外行为的驱动力从长远来看并不矛盾，新生代员工会通过实施更多的角色外行为以获取长期的、间接的利益。

具有内在偏好价值观的新生代员工寻求与内在需求偏好相匹配的工作环境，在更为满意的工作特征和内容中，新生代员工能够获得更大的价值与重要性感知、满足感和工作兴趣。在这种价值观导向下，新生代员工会更主动地发掘工作兴趣，提高个体与工作的匹配度，从而做出更多的角色外绩效。

人际和谐价值观可以促进新生代员工维护良好的人际氛围，这种人际氛围会增强积极的人际互动，带来积极的、指向个体的组织公民行为（Shao, Resick & Hargis, 2011），这也会增强新生代员工的角色外绩效。创新导向价值观使新生代员工更积极地以创造性的方法解决工作中的问题，创新行为往往会超出个体的角色要求成为角色外的行为（涂乙冬、李燕萍，2012）。因此，具有创新导向价值观的新生代员工不仅乐于运用新的创意、流程和方法来提升工作绩效，而且这种创新往往会超出角色内绩效，而成为以组织利益为出发点的角色外绩效。长期发展价值观使新生代员工专注于职业发展。Hui、Lam 和 law（2000）研究发现，当专注于晋升等职业发展时，个体会做出更多的角色外绩效来提高自身绩效，而当完成晋升且发展的需求降低时，个体的角色外绩效也将降低。可见，长期发展价值观越强，发展需求越高，新生代员工越可能做出更高的角色外绩效来推动自我的长期发展（见图5-2）。

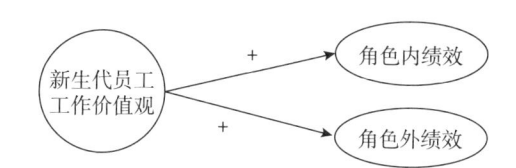

图 5-2 新生代员工工作价值观对角色内绩效和角色外绩效的影响

综上，本书提出如下假设：
H_1：新生代员工工作价值观对工作绩效具有显著的正向作用。
H_{1a}：新生代员工工作价值观对角色内绩效具有显著的正向作用。
H_{1b}：新生代员工工作价值观对角色外绩效具有显著的正向作用。

二、内在动机对新生代工作价值观与工作绩效的中介作用

（一）新生代工作价值观与内在动机

工作价值观是表达员工在工作环境和工作行为中获得某种结果的价值判

断，是一种直接影响行为的内在思想体系（侯烜方、卢福财，2018；李燕萍、侯烜方，2012）。内在动机源于人们对自我决定和胜任内生的、有机的需要（Gagne & Deci，2005），是被任务本身所吸引或引发的工作动力（包括学习成长和获得成就的乐趣），并与员工的一系列工作态度和行为显著正相关（Zhang & Bartol，2010）。作为一种自我实现的价值观，工作价值观追求工作中的自主、兴趣、成长、好奇，等等，这在内容上与内在动机存在较高的一致性。然而，内在动机具有个体的特质性，并受情境性因素较强影响，这与工作价值观的相对稳定的特质状态有所差异。

众多学者认为，内在动机作为一种内在认知，可以由个体因素以及外部因素的前因变量引起（Tu & Lu，2014）。本书认为工作价值观作为一种关于工作的信念与偏好，是引起内在动机的重要因素。内在偏好和人际和谐价值观表达了新生代员工对工作本身的乐趣、生活与工作的平衡和良好的人际氛围等方面的价值追求（侯烜方、卢福财，2018；侯烜方、李燕萍、涂乙冬，2012），这导致新生代员工更关注工作乐趣与自我内在偏好的匹配，以及团队良性互动带来的人际舒适感。而功利导向、创新导向和长期发展价值观则反映了新生代员工具有较强的利益回报期待、创新理念和对长期发展的愿望（Lin，Li & Hou，2015）。其中，不断增长的薪酬待遇、创造性的工作表现可以提升对工作的成就感和胜任感，而对长期发展的愿望，也将促使新生代员工主动学习进而实现个人成长。可见，在工作价值观的影响下，新生代员工易于激发出其对工作本身乐趣和舒适感、获得成就以及学习成长等方面的内在动机（见图5-3）。因此，提出如下假设：

H_2：新生代员工工作价值观对内在动机具有显著的正向作用。

图5-3 新生代员工工作价值观对内在动机的影响

(二) 内在动机与工作绩效

研究者普遍认为，内在动机包括认知成分和情感成分，其中自我决定和胜任感是内在动机的核心认知成分（Gagne & Deci，2005）。因此，新生代员工在自我胜任感和交换意识驱动下，会更专注于工作本身，聚焦本职工作，以寻求对工作职责的掌控，这也促进了新生代员工完成本职工作的积极性和主观能动性，寻找和思考更加高效地实现工作目标的方式和路径，进而完成好本职工作，获取更高的绩效回报和工作胜任感。员工的角色内绩效是工作职能或活动在特定时间内所创造的产出和完成任务的结果（周浩、龙立荣，2011），所以新生代员工为强化对工作本身的掌控和工作职能的胜任，以及对工作投入与收益的期待，必然尽责完成工作任务，努力提升工作产出，从而产生更高的角色内绩效。

Zhang和Bartol（2010）认为，"快乐"提供了任务卷入和取得成就的内在报酬，是内在动机的关键因素，而兴趣的满足和快乐感受是伴随着内在动机激发的行为所产生的情感体验。角色外绩效是由一系列非正式的合作行为或有利于组织的角色外行为所构成，是一种非正式角色所要求的组织员工与工作有关的自主行为（Lin，Li & Hou，2015）。对于角色外绩效而言，个体的助人、合作、自愿、坚持等动机和人格特征与其密切相关。因此，新生代员工为追求工作乐趣，期待在工作中获得更多的快乐，也将激发其发现和寻找工作中可以带给自我乐趣和快乐体验的工作元素。显然，和谐的团队氛围能够让新生代员工充分感受到工作的舒适感，进而获得内心的满足和快乐。在组织成员的人际互动中，助人为乐、互相支持、坦诚合作等角色外行为往往是构建和谐快乐的团队氛围的关键行为要素。因此，为维系和谐的团队氛围，实现自我对快乐的本能情感诉求，新生代员工通常愿意为团队及成员实施更多的组织公民行为，进而促进实现更高角色外绩效（见图5-4）。因此，提出如下假设：

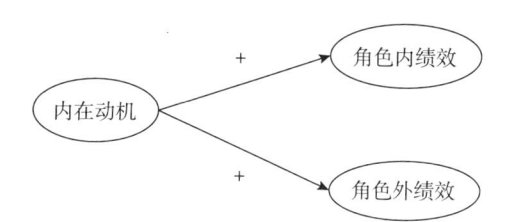

图5-4 新生代员工内在动机对角色内绩效和角色外绩效的影响

H_3：新生代员工内在动机对工作绩效具有显著的正向作用。

H_{3a}：新生代员工内在动机对角色内绩效具有显著的正向作用。

H_{3b}：新生代员工内在动机对角色外绩效具有显著的正向作用。

(三) 内在动机的中介作用

基于自我验证理论，工作价值观不仅会指向角色内的绩效，也会指向角色外绩效。工作价值观本质上是员工个体对工作及工作相关因素的认知，对员工工作价值观的清晰认识能够帮助管理者制定更有效的人力资源管理政策，从而提高工作产出（Wang et al.，2010）。其中，工作行为和绩效产出是员工在组织中产出的重要部分（侯烜方、卢福财，2018）。内在动机源于人们对自我决定和胜任内生的、有机的需要（周浩、龙立荣，2011），而个体的动机取决于其信念和价值观（Rousseau & Fried，2001）。同时，内在动机是个体被任务本身所吸引或引发的工作动力，与员工的一系列工作态度和行为显著正相关（Zhang & Bartol，2010）。

因此，新生代员工的工作价值观作为一种具有较为稳定特质状态的内在认知和价值偏好，将通过对具有相对较强情境性的内在动机的影响，进而引发个体角色内绩效和角色外绩效的变化。具体而言，包含五维度的新生代工作价值观将促进新生代员工对工作本身的乐趣、人际关系的舒适感和学习成长的期望值，以及工作胜任感和成就感等方面的内在动机。受到激发的追求工作和人际积极感知的内在动机，也将进一步促进新生代员工采取更有效的工作方法和路径来提升完成本职工作的角色内绩效，以及推动为获取更好团队氛围和更多快乐体验所实施的组织公民行为和利他行为，从而完成更高的角色外绩效（见图5-5）。因此，提出如下假设：

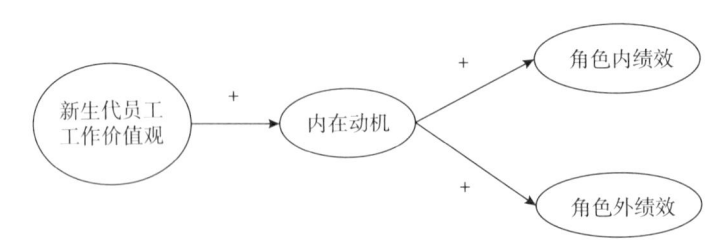

图5-5　新生代员工工作价值观通过内在动机对角色内绩效和角色外绩效的影响

H_4：内在动机在新生代员工工作价值观与工作绩效的关系中起中介作用。

H_{4a}：内在动机在新生代员工工作价值观与角色内绩效的关系中起中介作用。

H$_{4b}$：内在动机在新生代员工工作价值观与角色外绩效的关系中起中介作用。

三、组织文化对新生代工作价值观与工作绩效的调节作用

组织文化是指被一个组织的大多数成员共同遵循的基本信念、行为规范和价值标准（王辉等，2011）。它虽然不能给组织直接创造经济效益，但能通过影响组织内外不同的利益相关者的态度和行为，间接影响组织绩效，推动组织的成长和发展（Chow & Shan，2007）；它也可以帮助组织适应外部环境，并通过影响人力资源的管理实践影响组织氛围，进而促进员工的工作态度、行为和对组织的奉献精神，并最终影响绩效（Gokce，Guney & Katrinli，2014）。

由于组织文化涉及内容较为广泛，并且具有多维度结构，所以在实证研究中往往根据研究的具体内容选择组织文化的某一方面或某些方面的特征。作为组织文化在管理研究中的常用维度，竞争导向和人本主义两个维度的组织文化对管理实践有显著影响（Chow & Shan，2007）。同时，组织如何在适应外部竞争和维系内部和谐之间寻求平衡已成为当前突出的管理难题，尤其是强调明晰奖惩制度和内部竞争氛围的竞争导向文化是否有利于促进注重情感体验和个性需求的新生代员工做好角色内工作？而尊重员工内在需求和鼓励团队互动合作的人本主义文化又是否有利于推动追求利益回报和持续发展的新生代员工实施更高的角色外绩效？这些正是新时代背景下组织文化构建中亟待验证的问题。因此，本书重点关注组织文化的竞争导向和人本主义两个维度分别对新生代工作价值观与角色内绩效和角色外绩效影响关系的调节效应。

（一）竞争导向的调节效应

竞争导向的组织文化强调员工在工作中的获胜和个人成功，组织通常具有明晰的绩效考核制度，员工注重自我业绩的提升，团队充满竞争氛围（Cook & Rousseau，1998）。因此，一个以内部竞争导向为特征的企业往往鼓励员工取得更高的绩效（刘善仕、彭娟、邝颂文，2010）。

基于社会交换理论的互惠原则（沈伊默等，2009），竞争导向的组织文化将进一步强化新生代员工追逐利益回报的功利导向，挑战传统模式的创新导向以及寻求职业成功的长期发展等工作价值观（侯烜方、李燕萍、涂乙冬，

2014)。当个人的利益回报、创新创造和职业发展路径都与组织明晰的绩效考核制度相结合,团队强调个人成功和自我业绩时,新生代员工将更主动地丰富知识结构、提升工作技能和激发创新思维,寻求更科学有效的行为路径和工作方法以成功完成本职工作,并实现不断增长的绩效目标,这显然有助于提升更高的角色内绩效。

具有竞争导向文化的组织往往通过明晰的奖惩制度来推动员工的绩效竞争,从而提升组织面对未来不确定市场竞争的核心优势(刘善仕、彭娟、邝颂文,2010)。然而,竞争带来的不确定性和团队成员产生的差异化绩效表现无疑对新生代员工的内在偏好和人际和谐价值观带来挑战。基于自我验证理论,不确定性规避和差异化调和的自我认知将促进个体实施与自我概念相一致的行为(Shao, Resick & Hargis, 2011),因此,本书认为竞争导向的组织文化将加剧新生代员工对不确定性规避和差异化调和的自我认知,从而进一步促进新生代员工实施与自我偏好和人际和谐价值认知相一致的工作行为,例如重视工作内在意义和维护团队和谐关系,这些都为进一步促进角色内绩效建立了更积极的认知基础。

(二)人本主义的调节效应

人本主义的组织文化关注员工内在需求,强调和谐的重要性以及员工之间的互动合作。在该组织中,员工相互支持和帮助,对他人的意见和建议感兴趣,关心他人的需要,在涉及他人的决策中考虑别人(Cook & Rousseau, 1998)。也有学者认为,在人本主义较高的组织环境中,组织及其成员更愿意将精力、资源和时间投入公共事务或非经济利益的行为中(Baird, Harrison & Reeve, 2007)。同时,新生代员工具有鲜明的内在偏好和人际和谐价值观,他们注重工作与兴趣的匹配以及与生活的平衡,强调公平的组织制度和良好的人际氛围(李燕萍、侯烜方,2012)。因此,基于自我验证理论,人本主义文化使新生代员工的角色认知处于积极状态,从而强化了内在偏好和人际和谐价值观导向,这将促进新生代员工实施与这种积极认知一致的行为(Swann, Rentfrow & Guinn, 2002),进而改善角色外绩效。

另外,人本主义文化倡导良好的人际互动和开放的知识共享,并积极推动员工的个人成长和持续发展(Cooke & Rousseau, 1998)。基于社会交换理论,人本主义的组织更支持和关怀员工的自我成长和团队的积极互动,这无疑进一步促进了具有功利和创新导向、长期发展等价值观的新生代员工（侯烜方、李燕萍、涂乙冬，2014），通过改善团队协作、信息共享、建言献策来回馈和支持组织发展（Van Dick et al.，2004）。从长远来看，这也有助于新生代员工获得长期的、间接的个人利益回报和持续发展。因此，本书认为在人本主义文化背景下组织与员工之间的互惠关系也将提升角色外绩效（见图5-6）。

综上，本书提出如下假设：

H_5：组织文化对新生代工作价值观与工作绩效的关系具有调节效应。

H_{5a}：在竞争导向的组织文化中，新生代工作价值观对角色内绩效的影响更明显。

H_{5b}：在人本主义的组织文化中，新生代工作价值观对角色外绩效的影响更明显。

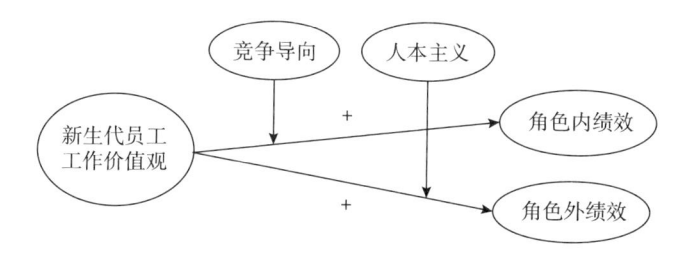

图5-6 组织文化对新生代员工工作价值观与角色内绩效和角色外绩效的调节作用

第三节 研究方法

一、研究样本及程序

为保证样本的代表性，本书以北京、上海、南昌等地不同行业和性质的企业为样本来源。同时，为了降低共同方法偏差和横截面数据的影响，采用上下级配对的方式，在两个时间点分别向新生代员工及其直属领导发放问卷以获取样本数据。具体而言，配对问卷由两批数据构成：第一批问卷由新生代员工评价工作价值观、内在动机和组织文化；当该问卷完成的两个月后，进行第二批问卷调查，由直属领导评价对应新生代员工的角色内绩效和角色外绩效。在调查过程中，研究者向参与者介绍研究目的和流程，由企业人力资源部门组织相关人员匿名集中填写，并声明调查仅用于学术研究，调查结果将严格保密。所有问卷事先已进行匹配编码，填写后用信封密封，现场发放并收回，以便将对应的新生代员工问卷及其直属领导问卷匹配。

第一批发放300份新生代员工自评问卷，回收了238份（回收率达92%）；第二批发放238份领导他评问卷（共20位直属领导，人均评价11.9份），回收了238份（回收率为100%）。两批问卷配对后，共获238份配对问卷，剔除数据缺失严重和匹配不完整的问卷之后，得到有效配对问卷共227份（有效率达90%）。样本和被试的具体信息：227份有效问卷共来源于8家企业，企业所属行业涉及互联网/通信电子、金融、批发/零售、建筑/房地产。另外，在有效问卷涉及的被试中，227人全部为新生代员工，其中男性125人，女性102人。以下为样本和被试的具体信息。

（一）样本信息

227份有效问卷共来源于8家企业，这些企业的性质包括2家国有企业、2家外资企业、1家合资企业、3家民营企业，企业所属行业涉及互联网/通信电子（3家）、金融（2家）、批发/零售（2家）、建筑/房地产（1家），如表5-1所示。

表5-1 样本来源企业的性质和所属行业

企业性质/行业类型	企业数量（家）	所占比例（%）
国有	2	25
外资	2	25
合资	1	13
民营	3	38
互联网/通信电子	3	38
金融	2	25
批发/零售	2	25
建筑/房地产	1	13

（二）被试信息

在 227 份有效问卷涉及的被试员工中，男性 125 人（占 55%），女性 102 人（占 45%），平均年龄为 26 岁，平均工龄为 4 年，大专及以下学历占 16%，大学本科占 63%，硕士及以上占 21%，如表 5-2 所示。

表 5-2　被试员工的性别和学历占比

性别/学历	人数（人）	占比（%）
男	125	55
女	102	45
大专及以下	36	16
本科	143	63
硕士及以上	48	21

二、测量工具

新生代员工工作价值观。采用前文已编制的 20 个条目的结构量表（见表 5-3）和李克特 5 点计分法，从"很不重要"到"非常重要"分别计为"1"到"5"分，在本书中的信度系数为 0.96。

表 5-3　新生代员工工作价值观维度及其测量条目

变量	维度	条目
新生代员工工作价值观	功利导向	较好的薪酬福利
		不断增长的薪酬
		在工作中，追求利益最大化
		努力付出会有等价回报
	内在偏好	工作与个人兴趣爱好匹配
		工作是有价值的和重要的
		工作有趣味性
		弹性工作时间

续表

变量	维度	条目
新生代员工工作价值观	人际和谐	融洽的工作氛围
		领导平易近人
		同事之间互相尊重
		团队有平等的人际关系
	创新导向	创造性的工作理念
		富有挑战性的工作
		工作不是墨守成规的
		创新性的工作
	长期发展	良好的发展空间
		不错的发展前景
		良好的职业发展规划
		良好的晋升机制

内在动机。采用 Zhang 和 Bartol（2010）使用的 3 个条目的量表，举例条目是"我喜欢找到复杂问题的解决方案"，在本书中的信度系数为 0.85。

组织文化。结合新生代工作价值观结构内涵和工作绩效的构成，本书选取竞争导向和人本主义两个维度的组织文化为研究内容，并参考了 Cook 和 Rousseau（1998）、Maignan 和 Ralston（2002）使用的量表。

角色外绩效。采用 Eisenberger 等（2010）的量表，共 8 个条目，举例条目为"他（她）会提出帮助组织的建议"，在书中的信度系数为 0.82。

角色内绩效。采用 Andersson（1991）的 5 条目量表，选用了其中 4 个正向表达的条目进行测量，举例条目为"他（她）完成了岗位赋予他（她）的责任"，在书中的信度系数为 0.83。

内在动机、组织文化、角色外和角色内绩效的量表均采用李克特 5 点计分，从"1"到"5"分别是"很不同意"到"非常同意"。由于个体的人口特征对绩效评价有一定影响，因此，本书将员工的性别、年龄、工龄和教育程度设为控制变量。其中，"1"代表男性，"2"代表女性；年龄和工龄直接以阿拉伯数字表示；在教育程度方面，"1"为大专及以下学历，"2"为大学本科学历,"3"为硕士及以上学历。

第四节 研究结果

一、同源方差和区分效度检验

虽然本书采用配对数据,但由于自变量、中介和调节变量都由员工评价,还是可能存在同源方差问题。本书采用了两种检验同源方差的常用方法,即"Harman 单因子检验"和"不可测量潜在方法因子检验"(Tu & Lu,2014)。

首先,本书对新生代工作价值观、内在动机、竞争导向、人本主义、角色内绩效和角色外绩效 6 个变量进行 Harman 单因子检验。结果表明,6 因子模型的拟合效度最好($\chi^2 = 115.32$,$df = 61$,$CFI = 0.96$,$GFI = 0.93$,$IFI = 0.96$,$RMR = 0.05$,$RMSEA = 0.06$,$AIC = 201.43$),而 1 因子模型到 5 因子模型的拟合度都不满足阈值。这也表明各变量是独立变量,具有较好的区分效度,且同源方差因子并不严重。

其次,在同源方差作为潜变量的 7 因子模型中,其平均方差抽取值为 0.32,低于判别同源方差是否可以被视作潜变量的判定标准阈值(0.50)(Tu & Lu,2014),这表明同源方差并不能成为影响本书理论变量的潜变量。因此,本书认为相关统计分析结果并未受到同源方差的影响。

二、测量工具的信度检验

本书还从信度系数、条目与总体相关检验以及删除该条目后信度系数的变化三个方面对新生代工作价值观、内在动机、角色内绩效、角色外绩效 4 个变量进行了项目分析和信度分析,其结果如表 5-4 所示。

表 5-4 新生代员工工作价值观的条目和信度分析

题目	信度系数	该条目与总体相关性	删除该条目后信度系数
新生代员工工作价值观	0.96		
Q1		0.81	0.96
Q2		0.74	0.96
Q3		0.62	0.96
Q4		0.67	0.96
Q5		0.71	0.96
Q6		0.74	0.96
Q7		0.69	0.96
Q8		0.71	0.96
Q9		0.72	0.96
Q10		0.73	0.96
Q11		0.69	0.96
Q12		0.79	0.96
Q13		0.74	0.96
Q14		0.76	0.96
Q15		0.78	0.96
Q16		0.81	0.96
Q17		0.78	0.96
Q18		0.75	0.96
Q19		0.76	0.96
Q20		0.73	0.96
内在动机	0.85		
Q21		0.71	0.83
Q22		0.74	0.82
Q23		0.72	0.83
角色外绩效	0.82		
Q41		0.57	0.80
Q42		0.49	0.81
Q43		0.52	0.80

续表

题目	信度系数	该条目与总体相关性	删除该条目后信度系数
Q44		0.55	0.80
Q45		0.60	0.79
Q46		0.59	0.80
Q47		0.47	0.81
Q48		0.55	0.80
角色外绩效	0.83		
Q18		0.58	0.81
Q19		0.65	0.78
Q20		0.66	0.78
Q21		0.73	0.75

注：n=227。

在实际应用中，如果信度系数超过0.70，表明指标的一致性较好，信度较高；如果系数在0.5与0.7，信度可以接受；而低于0.35则应予以放弃（李怀祖，2004）。另外，量表中的条目与总体相关系数值应大于0.35。

从信度的结果来看，新生代工作价值观、内在动机、角色内绩效、角色外绩效的信度系数分别为0.96、0.85、0.82、0.83，可见各个因子内部条目的信度较好（DeVellis，1991）。从条目与总体的相关性来看，所有条目与总分相关性均比较高，这表明新生代工作价值观、内在动机、角色内绩效、角色外绩效等变量具有较高的信度和稳定性。

三、变量间的描述性统计分析

本书采用测量项目的数据浓缩法（侯杰泰，2004）对各变量进行描述性统计分析，即通过计算变量所含测量条目的平均值获得变量值，然后运用SPSS进行相关分析。通过对各变量的描述性统计分析，主要是初步检验各变量之间是否存在相互作用、相互影响的可能性，这是研究变量之间相互关系的基础。通过相关分析，也可以初步判断模型构建或研究假设的合理性。

从表5-5可以看到，新生代工作价值观与内在动机（$r=0.25$，$p<0.01$）、

角色外绩效（r=0.28，p<0.01）和角色内绩效（r=0.27，p<0.01）都呈显著正相关；内在动机与角色外绩效（r=0.15，p<0.05）和角色内绩效也呈显著正相关（r=0.19，p<0.01）。因此，本书各变量之间存在较好的关联性，相关性质和理论模型或研究假设基本一致，初步反映了它们的合理性。从信度的结果来看，新生代工作价值观、内在动机、角色内绩效、角色外绩效的信度系数分别为0.96、0.85、0.82、0.83，这表明四个变量具有较高的信度和稳定性。

表5-5 描述性统计分析结果

变量	M	SD	1	2	3	4	5	6	7	8
性别	1.45	0.52	1							
年龄	26.25	4.46	0.04	1						
工龄	4.12	3.01	0.12	0.56***	1					
教育程度	2.05	0.63	0.22**	0.36**	0.15*	1				
新生代员工工作价值观	4.13	0.59	0.03	-0.07	0.06	0.17*	1			
内在动机	3.82	0.62	0.15*	0.05	0.04	0.03	0.25**	1		
角色外绩效	4.12	0.44	0.14*	0.12	0.01	0.07	0.28**	0.15*	1	
角色内绩效	4.28	0.55	-0.01	0.07	0.02	0.18**	0.27**	0.19**	0.60***	1

注：*** 表示 $p<0.001$，** 表示 $p<0.01$，* 表示 $p<0.05$；$n=227$。

四、新生代工作价值观对工作绩效直接影响的检验

由于此模型路径涉及的变量不多，因此本书采用层级回归的方法来验证新生代工作价值观对角色内绩效和角色外绩效的作用关系。针对不同的路径，本书设置了4个回归模型对其进行回归分析，分别为模型 M_{11}、模型 M_{12}、模型 M_{21}、模型 M_{22}。模型 M_{11} 和模型 M_{12} 主要验证新生代工作价值观对角色内绩效的作用关系；模型 M_{21} 和模型 M_{22} 主要验证新生代工作价值观对角色外绩效的作用关系。其中，M_{11} 和模型 M_{21} 只有控制变量，包括被试员工的性别、年龄、工龄和教育程度；模型 M_{12} 和模型 M_{22} 分别在模型 M_{11} 和模型 M_{21} 的基础上

放入新生代工作价值观。

用SPSS对数据进行回归分析,即控制人口特征变量的情况下,分别进行新生代工作价值观对角色内绩效和角色外绩效的回归。由表5-6可知,新生代工作价值观对角色内绩效($\beta=0.23$,$p<0.01$)、角色外绩效($\beta=0.18$,$p<0.01$)均呈显著的正向影响。另外,模型M_{12}与模型M_{11}、模型M_{22}与模型M_{21}回归方程的R^2有显著提高,因此,假设H_1、假设H_{1a}和假设H_{1b}得到验证。

表5-6 回归分析结果

变量	角色内绩效		角色外绩效	
	M_{11}	M_{12}	M_{21}	M_{22}
截距	3.64***	3.54***	2.57***	2.32***
性别	-0.17	-0.02	0.17*	0.17*
年龄	-0.02	0.01	0.05*	0.06*
工龄	0.03	0.02	-0.04*	-0.05*
教育程度	0.19	0.12	0.09	0.08
新生代员工工作价值观		0.23**		0.18**
ΔR^2		0.11*		0.17*
R^2	0.05	0.16	0.07	0.24
F	9.82***	12.43***	10.21***	18.51***

注:*** 表示$p<0.001$,** 表示$p<0.01$,* 表示$p<0.05$;$n=227$。

五、内在动机对新生代工作价值观与工作绩效中介作用检验

(一)结构方程模型及路径的构建

根据新生代工作价值观、内在动机和工作绩效之间的关系,本书运用AMOS构建了它们之间的结构方程模型,如图5-7所示,矩形代表显变量,椭圆代表潜变量。具体包括:WV代表新生代工作价值观,属于潜变量,GL代表功利导向、NP代表内在偏好、RH代表人际和谐、CX代表创新导向、CF

代表长期发展，这些属于显变量，用于测量 WV（新生代工作价值观）；IM 代表内在动机，属于潜变量，IM1、IM2 用于测量 IM（内在动机）；EP 和 IP 代表角色外绩效和角色内绩效，属于潜变量，EP1、EP2、EP3、EP4 用于测量 EP（角色外绩效），IP1、IP2 用于测量 IP（角色内绩效）。同时，系统自动设置了 13 个显变量的残余变量（e1～e13），以及 3 个潜变量的残余变量（e14～e16）。

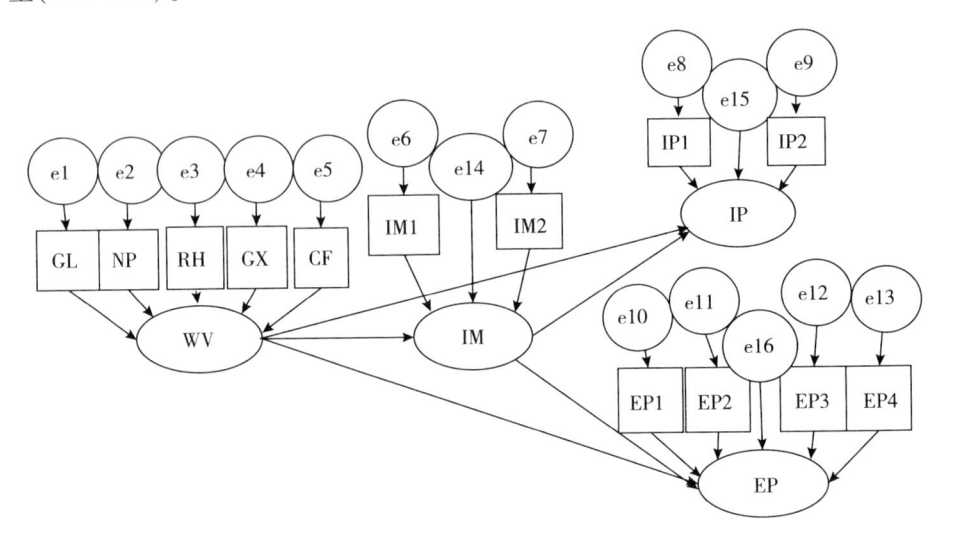

图 5-7 新生代员工工作价值观—内在动机—工作绩效的结果方程模式

在此基础上，本书构建了 5 条因果路径，分别为新生代工作价值观—角色内绩效（WV-IP）、新生代工作价值观—角色外绩效（WV-EP）、新生代工作价值观—内在动机（WV-IM）、内在动机—角色内绩效（IM-IP）、内在动机—角色外绩效（IM-EP）。

(二) 拟合指标分析和模型评价

运用 AMOS 软件进行运算，得到该结构方程模型的各项拟合指标，具体包括：χ^2/df 值为 1.93，小于参考值 3；GFI 值为 0.95，NFI 值为 0.92，CFI 值为 0.95，都大于参考值 0.9；RMSEA 值为 0.05，小于参考值 0.08；PGFI 值为 0.63，大于参考值 0.5。因此，各数值均符合要求（见表 5-7）。

表 5-7　SEM 拟合指标结果

拟合指标	测量结果	参考值
χ^2/df	1.93	≤3
GFI	0.95	>0.9
RMSEA	0.05	<0.08
NFI	0.92	>0.9
CFI	0.95	>0.9
PGFI	0.63	>0.5

另外，通过运算得到模型变量回归分析和残差分析结果（见表 5-8 和表 5-9）。

表 5-8　变量的回归路径及结果

变量回归路径			Estimate	S.E.	C.R.	P
IM	←	WV	0.30	0.08	2.88	**
IP	←	IM	0.23	0.05	2.58	**
EP	←	IM	-0.08	0.07	-0.94	0.23
IP	←	WV	0.60	0.10	5.03	***
EP	←	WV	0.56	0.08	4.05	***
ZL	←	WV	1.00			
ZW	←	WV	0.97	0.05	20.17	***
PD	←	WV	1.02	0.05	20.35	***
GX	←	WV	1.03	0.06	17.35	***
FZ	←	WV	1.06	0.06	18.75	***
IM1	←	IM	1.00			
IM2	←	IM	0.74	0.17	4.45	***
IP1	←	IP	1.00			
IP2	←	IP	0.89	0.22	4.01	***
EP1	←	EP	1.00			
EP2	←	EP	0.96	0.10	9.26	***
EP3	←	EP	1.17	0.11	10.37	***
EP4	←	EP	0.88	0.09	9.50	***

注：*** 表示 $p<0.001$，** 表示 $p<0.01$。

表 5-9 残差变量分析结果

残差	Estimate	S. E.	C. R.	P
WVV	0.32	0.04	8.70	***
e14	0.50	0.12	4.20	***
e15	0.27	0.07	3.66	***
e16	0.15	0.03	5.91	***
e1	0.07	0.01	7.74	***
e2	0.08	0.01	8.28	***
e3	0.09	0.01	8.19	***
e4	0.16	0.01	9.25	***
e5	0.13	0.01	8.84	***
e6	0.11	0.01	5.72	***
e7	0.23	0.07	3.53	***
e8	0.12	0.07	6.31	***
e9	0.16	0.06	3.82	***
e10	0.13	0.02	7.81	***
e11	0.17	0.02	8.64	***
e12	0.13	0.02	6.68	***
e13	0.13	0.02	8.39	***

注：*** 表示 $p<0.001$。

从变量的回归路径及结果表可以看到，新生代工作价值观—角色内绩效（WV-IP）、新生代工作价值观—角色外绩效（WV-EP）、新生代工作价值观—内在动机（WV-IM）、内在动机—角色内绩效（IM-IP）4 条回归路径的 CR 值大于 1.96，p 值小于 0.05，表明结果具有统计显著性，而内在动机—角色外绩效（IM-EP）的回归路径 p 值为 0.132，大于参考值 0.05，表明不具有统计显著性。

另外，从残差变量分析结果表可以看到，残差变量的 CR 值都大于参考值 1.96，p 值也都大于参考值 0.05，达到统计显著性水平。因此，本书得到新生代工作价值观—内在动机—工作绩效整个结构方程模型结果，如图 5-8 所示。

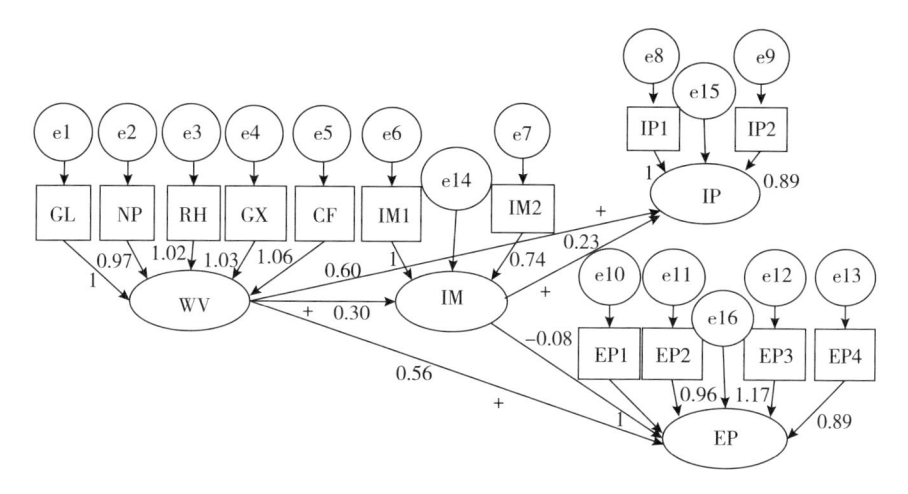

第五章 新生代员工工作价值观对工作绩效的影响机理

图 5-8 新生代员工工作价值观—内在动机—工作绩效的结构方程模型

(三) 影响效应评价

对变量之间的影响效应进行评价，通常涉及直接效应、间接效应和总效应。外生变量对内生变量的直接影响称为变量之间的直接效应，而外生变量通过其他变量（中介变量）对内生变量的间接影响称为变量之间的间接效应，直接效应和间接效应之和即为变量之间的总效应。本书中的新生代工作价值观对角色内绩效和角色外绩效的直接效应，新生代工作价值观通过内在动机对角色内绩效和角色外绩效的间接效应以及总效应，如表 5-10 所示。

表 5-10 结构方程模型中各变量之间的影响效应结果

变量	影响效应	被影响变量	
		内在动机	角色内绩效
	直接效应	0.30	0.60
	间接效应	—	0.07
新生代工作价值观	总效应	—	0.67
		内在动机	角色外绩效
	直接效应	0.30	0.56
	间接效应	—	—
	总效应	—	0.56

从表 5-10 可知，新生代员工工作价值观对角色内绩效和角色外绩效都存在直接效应（系数分别为 0.60 和 0.56），新生代员工工作价值观通过内在动机对角色内绩效存在间接效应（系数为 0.07），新生代员工工作价值观通过内在动机对角色外绩效不存在间接效应。因此，本书认为在新生代员工工作价值观对角色内绩效的影响效应中，内在动机具有中介作用，但在新生代员工工作价值观对角色外绩效的影响效应中，内在动机没有起到中介作用。

综上，本书假设 H_2、假设 H_3 和假设 H_{3a}、假设 H_4 和假设 H_{4a} 得到验证，而假设 H_{3b}、假设 H_{4b} 不成立。

六、组织文化对新生代工作价值观与工作绩效调节作用检验

本节我们将通过层级回归分析，分别检验人本主义和竞争导向的组织文化对新生代员工的工作价值观与角色外绩效和角色内绩效关系的调节效应。

首先，在层级 1 的回归分析中放入控制变量，包括新生代员工的年龄、学历和工作经验；其次，在层级 2 的回归分析中放入新生代工作价值观（自变量）和组织文化（调节变量），测量这两个主变量的主效应；最后，在层级 3 的回归分析中放入新生代工作价值观和组织文化的交互项，测量变量之间的交互效应。另外，本书采用"中心转换"方式对交互项的两个变量进行处理，以减小交互项可能出现的多重共线性。

运用 SPSS 软件进行运算，分别得到竞争导向的组织文化对新生代工作价值观与角色内绩效关系，以及人本主义的组织文化对新生代工作价值观与角色外绩效关系的层级回归结果，如表 5-11 和表 5-12 所示。

表 5-11 竞争导向对新生代员工工作价值观与角色内绩效的调节作用

变量	角色内绩效		
	M_1	M_2	M_3
Step1：控制变量			
年龄	0.004	0.01	0.01
教育程度	0.02	0.03	0.03

续表

变量	角色内绩效		
	M_1	M_2	M_3
工龄	-0.02	-0.02	-0.03
Step2：主效应			
新生代员工工作价值观		0.17**	0.27**
竞争导向		0.18**	0.29**
Step3：交互效应			
新生代员工工作价值观×竞争导向			0.28**
ΔR^2		0.11*	0.13*
R^2	0.08	0.19	0.32
F	10.45***	15.21***	26.78***

注：*** 表示 $p<0.001$，** 表示 $p<0.01$，* 表示 $p<0.05$。

从表5-11中可以看到，模型 M_1 加入控制变量，其回归分析结果显示没有达到显著性水平，这表明控制变量对角色内绩效没有显著影响。模型 M_2 在模型 M_1 的基础上，再加入新生代工作价值观和竞争导向的组织文化，结果显示其回归方程调整后 R^2 有显著提高（ΔR^2 值为0.11），同时回归系数分别为0.17和0.18，并通过T检验（$p<0.01$），这表明新生代工作价值观和竞争导向的组织文化对角色内绩效具有显著正向影响。模型 M_3 在模型 M_2 的基础上，再加入新生代工作价值观和竞争导向的交互项，结果显示其回归系数为0.28，并通过T检验（$p<0.01$），同时调整后 R^2 有显著提高（ΔR^2 值为0.13）。这说明竞争导向的组织文化对新生代工作价值观与角色内绩效具有调节作用，在高竞争导向的组织文化中，新生代工作价值观将对角色内绩效产生更强的正向影响。因此，本书的假设 H_5 和假设 H_{5a} 得到验证。

为了进一步检测竞争导向组织文化的调节作用趋势，本书绘制了调节作用示意图（见图5-9）。

为验证人本主义的组织文化对新生代工作价值观与角色外绩效关系的调节效应，本书在模型 M_4 中加入控制变量，其回归分析结果没有达到显著性水平，这表明控制变量对角色外绩效没有显著影响。模型 M_5 在模型 M_4 的基础上，再加入新生代工作价值观和人本主义的组织文化，结果显示其回归方程

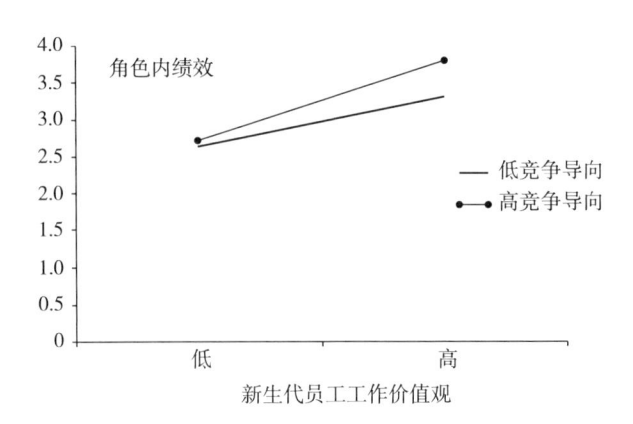

图 5-9 竞争导向对新生代员工工作价值观与角色内绩效关系的调节作用

调整后的 R^2 有显著提高（ΔR^2 值为 0.13），同时回归系数分别为 0.17 和 0.23，并通过 T 检验（p<0.001），这表明新生代工作价值观和人本主义的组织文化对角色外绩效具有显著正向影响。模型 M_6 在模型 M_5 的基础上，再加入新生代工作价值观和人本主义的交互项，结果显示其回归系数为 0.38，并通过 T 检验（p<0.001），同时调整后 R^2 有显著提高（ΔR^2 值为 0.17）。这说明人本主义的组织文化对新生代工作价值观与角色外绩效具有调节作用，在高人本主义的组织文化中，新生代工作价值观将对角色外绩效产生更强的正向影响。因此，本书的假设 H_{5b} 得到验证（见表 5-12）。

表 5-12 人本主义对新生代员工工作价值观与角色外绩效的调节作用

变量	角色外绩效		
	M_4	M_5	M_6
Step1：控制变量			
年龄	0.03	0.03	0.03
教育程度	0.06	0.05	0.11*
工龄	-0.05	-0.15*	-0.15
Step2：主效应			
新生代员工工作价值观		0.17***	0.27***
人本主义		0.23***	0.35***
Step3：交互效应			
新生代员工工作价值观×人本主义			0.38***

续表

变量	角色外绩效		
	M_4	M_5	M_6
ΔR^2		0.13*	0.17*
R^2	0.09	0.22	0.39
F	11.52***	17.87***	27.62***

注：*** 表示 $p<0.001$，* 表示 $p<0.05$。

同样，本书也绘制了调节作用趋势示意图，以进一步反映人本主义组织文化的调节效应。如图5-10所示。

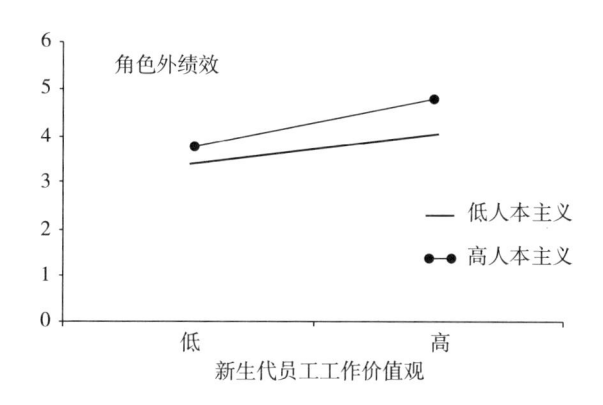

图5-10 人本主义对新生代员工工作价值观与角色外绩效关系的调节作用

第五节 研究述评

本章主要开展了新生代员工工作价值观对工作绩效有中介的调节影响机制研究，主要结论包括以下几个方面：

首先，本书进行了基于组织文化调节效应的新生代工作价值观通过内在动机对工作绩效的作用机理的模型构建，并提出了研究假设。本书认为，新生代员工工作价值观将通过内在动机中介变量，分别对角色内绩效和角色外绩效产生正向作用。同时，竞争导向和人本主义的组织文化将对新生代员工工作价值观与角色内绩效和角色外绩效关系形成积极的调节效应。

其次,对样本来源、测量工具以及数据收集过程进行了汇报说明。本书以北京、上海、江西等地的不同行业和性质的企业为样本来源,为了尽量避免研究的同源误差以及增强数据的科学性,采取新生代员工自评问卷和领导他评问卷相结合的纵向多元配对设计,并引用了前文开发的具有较高信效度的新生代工作价值观量表作为测量工具。

最后,对研究变量进行了信效度检验和描述性统计分析,并开展了针对研究假设的各项实证检验。本书运用 SPSS 软件,从信度系数、条目与总体相关检验以及删除该条目后信度系数的变化等指标对各研究变量进行了信度测量,并运用 AMOS 软件开展验证性因子分析,从因子模型的拟合度对研究变量的结构效度进行了测量。另外,本书还对各研究变量的标准差和平均值,以及变量之间的相关性进行了描述性统计分析。在研究假设的实证检验中,多次运用多元回归和结构方程模型对各变量之间的直接效应、中介效应和调节效应进行了验证。通过上述实证检验,大部分的研究假设得到了验证结果的支持,具体情况如表 5-13 所示。

表 5-13 研究假设的检验结果汇总

编号	研究假设	检验结果
H_1	新生代员工工作价值观对工作绩效具有显著的正向作用	支持
H_{1a}	新生代员工工作价值观对个体的角色内绩效具有显著的正向作用	支持
H_{1b}	新生代员工工作价值观对个体的角色外绩效具有显著的正向作用	支持
H_2	新生代员工工作价值观对内在动机具有显著的正向作用	支持
H_3	新生代员工内在动机对工作绩效具有显著的正向作用	支持
H_{3a}	新生代员工内在动机对角色内绩效具有显著的正向作用	支持
H_{3b}	新生代员工内在动机对角色外绩效具有显著的正向作用	不支持
H_4	内在动机在新生代员工工作价值观与工作绩效的关系中起中介作用	支持
H_{4a}	内在动机在新生代员工工作价值观与角色内绩效的关系中起中介作用	支持
H_{4b}	内在动机在新生代员工工作价值观与角色外绩效的关系中起中介作用	不支持
H_5	组织文化对新生代员工工作价值观与工作绩效的关系具有调节效应	支持
H_{5a}	在竞争导向的组织文化中,新生代员工工作价值观对角色内绩效的影响更明显	支持
H_{5b}	在人本主义的组织文化中,新生代员工工作价值观对角色外绩效的影响更明显	支持

从所有研究假设的检验结果反映出：

第一，新生代员工工作价值观对角色内绩效和角色外绩效存在直接影响效应。这说明注重物质回报，强调内在偏好匹配，追求团队人际和谐，具有创新导向理念以及看重个人长期发展的新生代员工，为了实现自我概念的验证和社会成员之间的利益交换，在正常的组织情境中，他们将会积极认真地完成角色内本职工作，并在可能的情况下实施利于改善人际关系的角色外组织支持型行为，从而达到对工作现状的满足和对未来发展的掌控，以及在组织互动中获取更多满足自身诉求的利益形式。

第二，内在动机在新生代工作价值观对角色内绩效和角色外绩效的作用中起部分中介作用，尤其是内在动机对角色外绩效的影响作用不具有显著性。满意度和认同感等通常作为价值观对行为绩效影响的中介变量，但本书认为，强调内在偏好和自我感知的新生代员工更易通过内在动机对绩效产生影响。这说明新生代员工偏好有意义的工作特征，追求和谐平等的人际关系以及主张创新性理念，都将对内在动机中追求工作本身的兴趣、快乐感受和工作胜任感有正向的促进作用，这也反映出为什么新生代员工在职场中特别关注自我内在感受和工作氛围。

同时，实证检验结果表明新生代员工会通过完成更高的角色内绩效以获取自我对工作更强烈的胜任感和掌控力，但是他们并没有如本书之前的理论分析一样，通过实施更多的角色外行为来建立良好的人际关系，以达到内心的快乐和维系对工作本身的兴趣。这可能是因为实施角色外行为涉及资源分配和劳动付出，而新生代员工关于追求工作兴趣的满足和快乐感受的体验等内在动机特质不足以激励其主动地实施过多超过本职工作的角色外行为，反映出他们对于组织成员之间的互动存在较强的利益交换心理，这刚好与新生代工作价值观具有较强功利导向的特征相吻合。因此，内在动机在新生代员工工作价值观对角色内绩效和角色外绩效的影响关系中起到部分中介作用。

第三，文化对组织管理的影响研究众说纷纭，作为新常态下重要的组织文化特征，竞争导向和以人为本是如何对新生代员工工作价值观与绩效关系产生作用，本书已有清晰论证。竞争导向和人本导向的组织文化，分别对新生代员工工作价值观与角色内绩效和角色外绩效的关系存在积极的调节效应。这说明以绩效为导向的竞争型组织文化，能够促进具有较强功利导向和长期发展工作价值观的新生代员工更好地完成本职工作，实现良好的角色内绩效。因为清晰明确的绩效目标和考核标准，会强化新生代员工的利益回报和职业提升等自我概念，从而激励新生代员工通过实现自我的角色内绩效目标以提升个人的职场竞争力和寻求更有利的享有组织资源交换的地位。

以人本主义为内涵的组织文化，倡导和谐的人际关系，重视员工的幸福感和满意度，主张互帮互助、共同提高团队的协作关系。从实证检验结果可以看到，人本主义的组织文化对新生代员工的工作价值观与角色外绩效的关系具有调节效应。这说明人本主义的组织文化符合新生代员工在工作中追求人际和谐和良好团队氛围的内在价值偏好，新生代员工在职场中普遍对中国传统文化中的高权力距离产生不适感，而对注重员工幸福感和强调平等公正的组织文化心生向往。因此，新生代员工不论是为了强化自我追求人际和谐的概念，还是期望组织成员通过友好互动而获得资源交换，在倡导以人为本的组织文化中，必然将实施更多的帮助型角色外行为，进而获得更高的角色外绩效。

综上，本章运用纵向、多元的研究设计，实证检验新生代员工工作价值观对工作绩效的直接效应，以及内在动机和组织文化分别对该效应的中介和调节影响。新生代员工与老一代员工的最大差别之一就体现在价值观和动机导向方面，以及由此衍生的工作行为上，进而导致不确定性工作绩效。研究结论反映出新生代员工追求利益回报、强调工作本身与自我兴趣的匹配、注重和谐的人际关系和期待职业生涯的长期发展等工作价值观导向和内在动机，都将会促进实现组织所希望获取的工作绩效。尤其是在竞争导向和人本主义的组织文化中，新生代员工的工作价值观都会受到强化，进而分别增进其角色内绩效和角色外绩效的实现。因此，本章不仅实证检验了新生代员工个体层次的工作价值观、内在动机对工作绩效的作用机理问题，还验证了组织层次的文化因素对该机理过程的边界影响效应，这对于价值观理论、动机理论和绩效理论都是全新的整合和延伸。

第六章
讨论与总结

Chapter VI

本书通过两个理论视角、五项子研究、五个样本源,运用线上数据和线下数据、质化和量化方法,全面、系统、深入地探析中国情境下新生代员工工作价值观结构、测量及其对工作绩效的影响机理,得出了多项具有理论贡献和实践价值的研究结论。在此基础上,本章进一步探讨基于工作价值观的新生代员工管理对策建议,并提出本书研究存在的不足和未来研究的一些展望。

　　在研究结论和贡献方面,一是基于互联网评论的扎根理论研究和基于开放式问卷的内容分析研究,深入探析了中国情境下新生代员工工作价值观的结构因子和内涵特征,并分别构建了新生代员工工作价值观的四因子和五因子结构模型,且对比分析了中国与西方、新生代与老一代员工工作价值观的情境化内涵异同。二是检验表明新生代员工工作价值观具有二阶五因子结构,并通过初始量表和修订量表探索开发出具有良好信效度的20个条目的新生代员工工作价值观量表。三是验证了新生代员工工作价值观对工作绩效的影响机理,其中内在动机具有部分中介效应,而竞争导向和人本主义的组织文化分别对新生代工作价值观与角色内绩效和角色外绩效的影响关系存在调节效应。

　　在研究局限方面,基于互联网评论的扎根理论研究和基于开放式问卷的内容分析研究都为质化研究,虽然整个过程严格按照科学范式开展,但由于涉及大量的主观评价和定性归纳,不能完全规避其中可能存在的偏差风险。此外,在新生代员工工作价值观量表的初始量表和修订量表的探索过程中,数据来源都为新生代员工的自评数据,缺少多源评价数据以检测聚合效度,等等。

　　在研究展望和管理建议方面,本书认为未来可以进一步验证新生代员工工作价值观对员工行为和态度的预测有效性及其作用机制,并开展相关的跨层次、跨代际和跨文化的研究。同时，在新时代人力资源管理实践中，组织应尊重新生代员工价值导向，优化工作设计要素，创新薪酬绩效制度，完善职业发展路径，激发员工创新思维，塑造优良组织文化，构建基于工作价值观的新生代员工管理模式，从而实现员工有激情、团队有活力、组织有发展的现代人力资源生态体系。

第一节 研究结论和贡献

一、研究结论

本书首先阐明了研究的主题和对象、研究框架和技术路线；其次对各研究变量进行了文献综述和理论回顾；最后开始了主体研究，共涉及五项子研究：研究一和研究二开展了新生代员工工作价值观的结构因子和内涵研究，研究三和研究四开展了新生代员工工作价值观的结构测量和信效度检验，研究五开展了基于组织文化调节效应的新生代员工工作价值观与内在动机和工作绩效的作用机理研究。研究结论分别为：

（一）新生代员工工作价值观的结构因子和内涵特征

该部分包括两项质化研究，其中研究一以互联网多家知名门户网站的多主体网络评论为研究内容，采用扎根理论构建了新生代员工工作价值观的自我情感、物质环境、革新特征、人际关系四因子结构模型，以及新生代员工工作价值观、工作偏好对工作行为影响的核心范畴，并对新生代员工工作价值观的结构内涵进行了探析；研究二以不同行业和地区的众多企业的新生代员工为研究对象，采用内容分析法得出了新生代员工工作价值观的功利导向、内在偏好、人际和谐、创新导向、长期发展五因子结构模型，并分别对五个因子的内涵进行了探析。可见，受到改革开放、计划生育等政策的影响，中国情境下新生代员工经历了较为复杂的社会环境和成长背景，既得到家庭的万般宠爱，又体会到市场经济的现实残酷；既跟上了互联网时代对经济社会的变革步伐，又受到了全球化带来的文化冲击。因此，他们总体表现出注重利益获取、强调自我感受、追求人际和谐、推崇变革创新、期望长远发展的工作价值观内涵。

此外，在本章的最后部分对中国新生代员工与国外员工，以及我国新生代员工与老一代员工的工作价值观进行了深度对比探析，较为清晰地阐明了新生代工作价值观的代际差异和情境变化。中西方情境下的新生代员工工作价值观表现出了部分异同特征，例如在功利导向和内在偏好方面的相似，以及长期发展与能力成长、人际和谐和个人主义方面的差异。另外，中国情境下新生代与老一代员工的工作价值观区别较大，例如功利导向、内在偏好与奉献精神、集体主义等价值观内涵存在一定对立面。同时，在"人际和谐"的价值观内涵里，新生代员工更多表现出追求平等、公平的低权力距离的人际关系诉求，而老一代员工则表现为维系集体主义和高权力距离的人际平衡观念。因此，该部分的研究结论，为接下来的新生代员工工作价值观的结构测量和信效度检验奠定了扎实的理论基础。

(二) 新生代员工工作价值观的结构测量及信效度检验

在研究二得出的新生代工作价值观的 26 个条目的初始测量问卷的基础上，开始了新生代员工工作价值观的结构测量和信效度检验。该部分包含两项量化研究，其中研究三采用问卷调查法对新生代员工进行了工作价值观初始测量问卷的调查，并对样本数据进行了探索性因子分析和信度分析，最终得出 20 个条目的具有良好信度指标的新生代员工工作价值观修订问卷。接着，为了进一步检测该修订问卷的效度情况，在研究四中再次以新生代员工为调查对象，重新收集样本数据，采用验证性因子分析、结构方程模型、相关性分析以及多元回归等统计分析方法，分别验证了该修订问卷的结构效度、区分效度、预测效度。从检验结果可以看到，新生代员工工作价值观具有二阶五因子结构，其修订问卷的测量效度指标良好。因此，本书以此具有良好信效度的 20 个条目的新生代员工工作价值观量表为基础，开展新生代员工工作价值观的相关实证研究。

从研究结果我们可以看到，中国新生代员工工作价值观的量表具有良好的信度和效度，这不仅为新生代员工工作价值观的实证研究提供了理论支持和技术保障，还为开展基于工作价值观的新生代员工管理提供了理论视角和决策参考。在以往的相关研究中，工作价值观的结构及测量问题始终存在争议 (Furnham, Batey, Anand & Manfield, 2006)，结构模型和测量条目并未形成统一结论，背后的诱因主要是工作价值观本身受到特有文化和社会心理等情境因素的影响。在改革开放、计划生育、全球化经济、互联网时代等情境因素的多重影响下，中国新生代员工对于工作的意义和重要性，以及工作角色的是非、对错、取舍的标准都发生了显著变化。因此，运用西方传统工作价值观量表测量中国新生代员工的工作价值观存在适应性问题，而本书开发的功利导向、内在偏好、人际和谐、创新导向、长期发展五维度、20 个条目的新生代员工工作价值观量表具有较强的理论价值和现实意义。

（三）组织文化背景下新生代员工工作价值观对工作绩效的影响机理

研究五采用多元纵向设计，首先获取了新生代员工对工作价值观、内在动机和组织文化的自评问卷数据。此后两个月，又收集了上级领导对该员工工作绩效的他评问卷数据，两批数据配对后进行结构方程模型检验和相关统计分析。该研究主要探析在不同组织文化下，新生代员工工作价值观通过内在动机对工作绩效的影响机理。这里面涉及多元影响关系，主要包括新生代员工工作价值观对角色内绩效和角色外绩效的直接影响、新生代员工工作价值观通过内在动机对角色内绩效和角色外绩效的中介影响、竞争导向的组织文化对新生代工作价值观与角色内绩效的关系的调节影响、人本主义的组织文化对新生代工作价值观与角色外绩效的关系的调节影响。

从实证检验的各项数据结果来看，内在动机在新生代员工工作价值观对角色内绩效和角色外绩效的影响路径中起到部分中介作用。这说明在自我验证理论和社会交换理论框架下，功利导向、内在偏好、人际和谐、创新导向和长期发展的工作价值观，会强化新生代员工在工作中对于物质利益回报、内在需求偏好、人际关系氛围、变革创新理念和职业长期发展等方面的自我需求概念，从而促进他们通过努力完成本职工作和维系良好团队关系来实现与其自我概念相一致的行为动机，进而产生更高的角色内绩效和角色外绩效。内在动机对新生代员工工作价值观与工作绩效关系的部分中介效应说明，内在偏好、人际和谐、创新导向等方面的工作价值观导向会推动新生代员工注重工作兴趣、享受快乐氛围和追求胜任体验等方面的内在动机，进而激励新生代员工通过出色完成本职工作而获得更高的角色内绩效。

同时，实证检验结果表明，竞争导向和人本主义的组织文化分别对新生代员工工作价值观与角色内绩效和角色外绩效存在调节效应。新生代员工在竞争导向的组织文化中，需要面对明确的绩效考核制度和激烈的竞争团队氛围，这将进一步促进新生代员工对利益回报、变革创新和职业成长等方面的自我价值观导向，从而更加努力地完成本职工作，实现更高的角色内绩效。

在人本主义的组织文化中,新生代员工更能感受到组织的关怀和团队的支持,这将强化他们追求和谐的人际关系和内在需求匹配等方面的内在价值导向,从而实施更多的组织公民行为或利他行为,最终实现角色外绩效的提升。

二、研究贡献

通过全面梳理和探析国内外已有的理论和管理实践成果,再综合本书的所有研究结论,归纳出以下可能存在的研究贡献:

(一)剖析了新生代员工工作价值观的情境化特征

在中国情境下系统审视新生代员工的工作价值观,有助于理解不同文化、不同时代背景下的工作价值观。工作价值观并不是一个新的领域,它会受到情境化因素的影响,并随着时代的变化而不断地改变。因此,本书认为,在新时代下探索新生代员工的工作价值观具有情境贡献意义。情境贡献一般包括:某一理论在不同的人群之间的差异的解释;某一理论在不同的国家或文化之间的差异的解释;某一理论在不同的组织或工作类型之间的差异的解释,等等,这些研究都致力于不断推进理论的解释力,更好地解释某一个特殊领域或者对象。

已有相关研究主要沿用现有成果或作修订补充,并未运用科学范式进行情境化探索,尤其是聚焦中国新生代员工群体,其工作价值观发生了深刻的变化,过往研究成果存在较为突出的适应性问题。本书认为,工作价值观的相关理论(结构、测量、内涵等)都可能因为文化、对象的改变而存在差异,而更好地发现、解释这种差异,就是本书的命题之义,也是本书最大的理论贡献。

(二)探索了新生代员工工作价值观的结构与内涵

本书运用扎根理论和内容分析两种质化研究,全面探析了新生代员工工作价值观的因子结构,这为掌握新生代工作价值观的结构测量和内涵特征提供了理论支撑。

一方面运用扎根理论,以互联网主流门户网站为样本来源,广泛收集了不同主体对新生代员工工作价值观的评价,并最终获得了由自我情感、物质环境、革新特征和人际关系四因子构建的新生代员工工作价值观因子结构模型1，以及新生代员工工作价值观、工作偏好对工作行为影响的核心范畴。

另一方面采用内容分析法，以企业新生代员工对工作价值观的开放式问卷评价为样本数据，最终获得由功利导向、内在偏好、人际和谐、创新导向和长期发展五因子构建的新生代员工工作价值观因子结构模型2。从两个模型来看，因子结构和内涵特征具有高度的匹配度，证明了所获结论具有良好的内容效度。

这两项研究不仅实现了方法论上的拓展创新，更重要的是在理论上获得了更多有价值的发现。尤其是通过对比分析两项质化研究关于新生代员工工作价值观的结构模型，以及中西方、新生代与老一代工作价值观的内涵异同，为全面掌握中国新生代员工工作价值观现状和特征提供了较为扎实的理论基础。

（三）开发出新生代员工工作价值观量表

本书通过对新生代员工工作价值观的结构测量分析，最终开发出具有良好信效度的新生代员工工作价值观量表，这为开展工作价值观的实证研究和新生代员工的管理实践提供了较为可靠的技术支持。本书选择了多行业、跨区域的企业作为研究样本来源，采用质化和量化相结合的研究方法，成功开发出新生代员工工作价值观量表。

从新生代员工工作价值观初始量表的获取和探索分析，再到新生代员工工作价值观修订量表的形成和信效度检验，整个研究过程广泛使用SPSS和AMOS软件，分别进行了探索性因子分析和验证性因子分析、结构方程模型检验、相关性和回归分析等实证研究，这不论在方法的运用、样本的甄选方面，还是研究的视角和路径方面，都符合国际前沿。

在管理实践中我们可以看到，新生代员工频繁离职、裸辞、挑战权威、追求自我、标新立异等人力资源现状给现代企业管理带来巨大的挑战和机遇。同时，众多研究也表明工作价值观对个体行为表现具有重要的影响效应。可见，不论是理论研究和管理实践都迫切地希望科学、全面、准确地掌握新生代员工的工作价值观现状和测量方式。因此，本书开发出的五维度、20个条目的新生代工作价值观量表具有较强的理论和实践贡献。

(四)验证了组织文化背景下新生代员工工作价值观对工作绩效的影响机制

本书聚焦于不同组织文化下新生代员工工作价值观、内在动机对工作绩效的影响机理问题,具有较强的理论和实践价值。随着数以亿计的新生代员工逐步成为中国劳动力市场的主力军,管理理论和管理实践都将面临巨大的挑战,急需对新生代员工的相关问题进行系统的理论探讨。

本书认为,新生代员工与老一代员工的最大差别之一就体现在价值观和动机导向方面,以及由此所衍生的工作行为(如利他行为)上,进而导致不确定性工作绩效。从研究结论可以看到,新生代员工正如社会大众评价的具有比较功利和自我的价值观特征,然而这并不意味着他们在完成个人本职工作和实施组织所倡导的支持型行为时受到工作价值观的负面影响。事实上,新生代员工追求利益回报、强调工作本身与自我兴趣的匹配、注重和谐的人际关系和期待职业生涯的长期发展等工作价值观导向和内在动机,都将会促进实现组织所希望获取的工作绩效。

尤其是在竞争导向和人本主义的组织文化中,新生代员工的工作价值观还会受到强化,进而分别增进了其角色内绩效和角色外绩效的实现。因此,聚焦这些问题开展科学探索,不论在价值观理论还是在绩效理论上都具有重大拓展,而且为如何开展基于价值观管理的新生代员工绩效管理实践提供了理论视角。

第二节 管理的建议

在组织管理实践中,员工管理的核心维度通常涉及员工的内在心理要素、工作行为表现以及绩效水平。因为员工的内在需求往往影响到个体在工作中的满意度,也为组织管理者制定员工激励策略提供了方向,而员工的工作行为表现直接反映了个体完成本职工作的胜任力,以及个体在组织成员之间的角色维系关系。另外,员工的工作绩效水平为实施科学的绩效考核和落实个体的职业发展提供了根本要素。

当新生代员工给组织管理带来了前所未有的挑战,以及组织需要在日趋激烈的市场竞争中谋求生存和发展，这就要求组织管理者在实施员工管理时，应该更深层次地去探究新生代员工具有的包括工作价值观、内在动机等方面的内在心理要素，以及由此影响下的工作行为和绩效水平，并根据这些要素的作用关系，制定和实施更加匹配有效的人力资源管理策略，从而构建起具有竞争优势的组织体系。结合本书的理论发现和组织管理现状，本书提出以下基于价值观理论的新生代员工管理建议。

一、尊重员工价值导向，引导积极在职行为

成长于不同时代的员工都有特定的时代烙印，管理者不应该去批判或指责在他们身上存在的代际差异，而应积极、主动地去了解并尊重这种差异和特征。然而，不同阶段的部分新生代由于外形装扮、个性特征、行为方式等方面的独特性，往往被贴上了多种群体标签，例如，杀马特、非主流、二次元，等等，这些群体性的社会化评价容易带来人际互动中的认知偏差或晕轮效应，认为新生代员工特立独行、天马行空。

事实上，每个年代的员工都有其时代特征，经历了改革开放、计划生育、经济全球化、互联网时代等重大社会经济变革和发展的新生代员工，既有追求物质回报、尊重情感体验的工作价值偏好，也有渴望人际和谐、推动创新发展的工作价值导向，本书更是从实证数据验证了新生代员工在工作价值观影响下表现出了积极的绩效水平。因此，组织管理者应主动适应新生代员工在代际关系中的价值观差异，并通过现代人力资源管理策略促进新生代员工的积极在职行为。

二、优化工作设计要素，激发员工工作热情

随着新生代员工逐渐成为推动组织发展的主力军，如何激发和唤起新生代员工的工作热情和动机成为管理实践的重要命题，而基于价值观的工作设计成为关键手段。在以往的管理实践中，工作设计的专业化和标准化是提升工作绩效的主要方式。然而，面对日益激烈的市场竞争和追求多样化、个性化的客户需求，变革创新、多变适应成为工作设计的主要特征。

尤其是新生代员工对于工作本身的趣味性、挑战性和创新性有着强烈的价值诉求，因此，多样性、参与性、创意性的工作设计更能激发新生代员工的工作热情和积极行为。此外，随着虚拟化和平台化企业的不断兴起和发展，如何保证工作设计的绩效导向与弹性特征的合理匹配成为组织管理的难题。一方面工作目标和职责分工是工作设计的核心点，另一方面工作弹性和柔性管理成为工作设计的新趋势，这两个方面的有效结合将是组织开展科学工作设计的关键要素。

三、创新薪酬绩效制度，提升员工激励效果

在现代人力资源管理实践中，薪酬管理和绩效管理的制度设计都强调员工参与，多倾听和采纳员工的实际想法，制定更多符合员工价值偏好和个性需求的激励政策。当新生代员工切身感受到组织对他们的个性尊重和价值肯定时，他们会加倍珍惜组织承诺的角色身份，表现出高度的积极在职行为。

进一步而言，在薪酬管理方面，是否保证新生代员工的组织公平感和支持感成为薪酬管理有效性的重要标准，其中建立完善的岗位薪酬体系成为众多企业实现薪酬公平的主要手段。同时，为了适应创新型和科技型企业的发展，关注员工成长的技能薪酬体系也不断成为薪酬管理的重要选择。此外，薪酬结构中的股权激励、合伙人制度等可以强化新生代员工与组织发展的互依性和共享性，薪酬福利中的带薪休假、子女托管、家庭旅行计划等可以提升新生代员工的满意度和幸福感。在绩效管理方面，随着项目化和团队化工作模式成为组织管理的新常态，绩效指标的设计应该体现工作依赖性和整体性，提高过程管理的精细化和信息化程度；绩效结果的反馈和应用应该保证沟通的客观性和实效性，促进结果管理的指导性和成长性意义。

四、完善职业发展路径，建立长效规划机制

本书结论表明，作为职场主力军的新生代员工对薪酬待遇的短期期望值比较理性。他们重视企业品牌和知名度、行业风险的同时，更期望未来可以获得持续的职业发展空间、工作经验和社会网络。当新生代员工看不到组织

的发展前景,个人的职业发展路径模糊不清时,就极易导致显著的员工消极离职行为,进而严重影响组织绩效。所以,领导者在组织管理中,对人才的职业规划、梯队培养等方面需要建立完备的长效机制,真正将员工视为战略性人力资源竞争优势的重要组成部分,给员工提供清晰、多元的职业发展路径,稳定组织中核心和关键岗位上的人力资源。

当然,这对众多中小企业而言,由于企业实力、行业地位及发展阶段的差异,或许很难建立完备的职场规划长效机制,但是只要这些企业积极地开展相关措施,例如多岗位培养、导师制引领,让新生代员工切实体会到企业在为员工职业发展做出努力,也能很好地推进个人与组织目标的统一,激发员工积极在职行为,提高组织绩效。

五、激发员工创新思维,构建良好创新环境

现代企业要有鲜活的生命力和强劲的竞争力,就必须具备源源不断的创新动力。对于新事物及新知识有较强接受能力,具有典型网络化特征的新生代员工,他们往往有着新颖独到的想法构思及创新思路,具备较强的创造力及想象力。我们在组织管理中必须构建与之匹配的良好创新环境,不能抑制他们挑战传统固有模式,而应鼓励新生代员工敢于创新,乐于创新。组织创新,不应该停留在提口号、讲形式的浅层,应敢于深化,重在实效,不断激发员工创新思维,提供组织长远持续发展原动力。

组织创新管理应该营造包容性、学习型氛围,鼓励新生代员工持续学习、勇于拓新;制定科学有效的激励制度,将创意、创新、创造视为员工薪酬奖励、绩效考核及职业发展的重要评价指标;注重创新人才的培养和开发,强调团队成员、知识结构的异质化和多样性;加强部门和团队之间的沟通协作,鼓励知识分享和成果共赢。因此,从组织氛围、制度设计、资源分配、团队管理等方面加强创新管理,有助于新生代员工发挥自身创新优势,从而推动实现更高的创新绩效。

六、塑造优良组织文化,促进员工绩效产出

组织文化通常包含了该组织的使命、愿景、核心价值观,它不仅描述了

组织层次对现实和未来的使命或愿景，还提出了团队和员工层次对于团队关系、职业操守的价值信念。从本书的结论可以看到，竞争导向和人本主义的组织文化会进一步强化新生代员工特有的价值观导向，从而推动其角色内绩效和角色外绩效的实现。然而，由于组织性质、经营方式、发展阶段、市场环境或组织管理者的价值诉求等方面的不同，组织往往会在组织文化的塑造上出现差异，并不能一概而论哪种组织文化将带来最优效能。但是，当新生代员工逐步成为组织的骨干力量，我们有理由相信，培育和管理好这一代人，也就把握住了未来组织的人力资源竞争优势。

因此，组织在新生代员工的管理，尤其是组织文化的塑造方面，可以更多地设计和打造与新生代员工的价值导向和工作信念相匹配的规则制度，例如营造竞争导向和人本主义共存的组织文化，既强调明晰的个体绩效考核标准，也制定出基于新生代员工价值观内涵的激励政策，同时将员工的幸福感和满意度，以及团队间的利他行为都纳入组织整体绩效的考核体系中，形成能者多得、主动分享、共同维护的人本竞争型组织文化，这也为组织实现更高的绩效目标提供了新的理论视角。

第三节 研究局限和展望

一、研究局限

本书的局限性主要包括以下方面：

首先，研究一和研究二的质化研究虽然严格按照科学的研究方法和规范的研究程序不断推进，两个研究所获的新生代员工工作价值观的结构因子和模型构念也高度吻合，但是不能完全排除质化研究中的评价主体对新生代员工的评价存在主观臆断，而且在研究程序中大量采用归纳概括的技术手段，这也可能使研究结果按照研究者自我的判断标准和理解程度部分倾斜。

其次，研究三和研究四的研究对象都为新生代员工，这也导致研究数据均为新生代员工的自评数据，缺乏多源评价数据来检测聚合效度。因为工作价值观通常包含对工作的价值偏好和动机取向，所以新生代员工在填写自己的工作价值观问卷时，会顾及其他同事或组织管理者对这批问卷数据的掌握情况，从而可能主观上对相对负面的问题进行规避或对相对正面的问题进行夸大，这就可能对问卷数据的客观性造成一定影响。

最后，研究五采用了多元纵向研究设计，数据来源包括新生代员工的自评问卷和上级领导的他评问卷，这大大降低了数据的同源误差。然而，本书开展配对问卷的纵向研究的时间间隔为两个月，而工作价值观是相对稳定持续的内在心理要素，个体的工作价值导向对工作绩效的影响也应该是长期的。因此，尽管采取了纵向时间间隔来收集配对问卷数据，但是时间周期还是过短。此外，本书虽然论述了组织层次的文化氛围对研究模型的调节作用，但在数据处理方面并未开展跨层次研究。

二、研究展望

未来研究展望主要包括：

第一，为了更好地指导组织开展新生代员工的管理实践，未来可以进一步对新生代员工工作价值观对员工行为和态度的影响关系进行探索，不断完善新生代员工工作价值观对员工行为和态度的预测有效性。例如，可以更多探索新生代员工工作价值观对员工的亲社会行为、越轨行为、非伦理行为等方面的探索。

第二，为了丰富新生代员工工作价值观在组织行为学领域的理论内涵，未来可以进一步研究新生代员工工作价值观与个体绩效、行为（例如创新行为）和态度（例如动态工作投入）之间的作用机制，寻找更多的中介机制和调节边界（例如组织政治氛围），更好地解释新生代员工工作价值观对个体的影响路径和影响边界。

第三，为了全面构建新生代员工工作价值观方面的理论框架，未来可以开展跨层次、跨代际和跨文化的研究，进一步探索不同层级构念的交互效应，剖析不同年代员工的代际差异（甚至尝试区分"80后"和"90后"样本数据），以及验证新生代员工工作价值观量表的跨文化适用性。

第四，虽然自我验证理论和社会交换理论能够充分地解释新生代员工工作价值观对工作绩效的影响模型及演绎假设，但未来的研究还可以在理论视角上做进一步创新。例如，从自我决定理论、资源保存理论或情感事件理论等视角来剖析深受情绪波动和情感认知影响的新生代员工，其心理特征对绩效表现的影响机制。

附 录

新生代员工工作价值观量表

请您根据自己的实际感受和体会,用下面 20 项描述对自己进行评价和判断,并在最符合的数字上画√。评价和判断的标准如下:1 = 很不重要,2 = 不重要,3 = 不太重要,4 = 重要,5 = 非常重要。

新生代员工工作价值观的初始问卷

编号	问题	很不重要	不重要	不太重要	重要	非常重要
1	较好的薪酬福利	1	2	3	4	5
2	不断增长的薪酬	1	2	3	4	5
3	在工作中,追求利益最大化	1	2	3	4	5
4	努力付出会有等价回报	1	2	3	4	5
5	工作与个人兴趣爱好匹配	1	2	3	4	5
6	工作是有价值的和重要的	1	2	3	4	5
7	工作有趣味性	1	2	3	4	5
8	弹性工作时间	1	2	3	4	5
9	融洽的工作氛围	1	2	3	4	5
10	领导平易近人	1	2	3	4	5
11	同事之间互相尊重	1	2	3	4	5
12	团队有平等的人际关系	1	2	3	4	5
13	创造性的工作理念	1	2	3	4	5
14	富有挑战性的工作	1	2	3	4	5
15	工作不是墨守成规的	1	2	3	4	5
16	创新性的工作	1	2	3	4	5
17	良好的发展空间	1	2	3	4	5
18	不错的发展前景	1	2	3	4	5
19	良好的职业发展规划	1	2	3	4	5
20	良好的晋升机制	1	2	3	4	5

计分方法

新生代员工工作价值观量表由功利导向、内在偏好、人际和谐、创新导向、长期发展五个维度构成，共20道题。每个维度包括的题目如下：

1. 功利导向：指新生代员工在工作中注重物质利益，渴望获得物质回报。共4道题，具体包括第1题至第4题。

2. 内在偏好：指新生代员工对工作本身的特征与内容的认知和偏好。共4道题，具体包括第5题至第8题。

3. 人际和谐：指新生代员工重视工作场所内和谐的人际关系，并希望维持一种融洽的工作氛围。共4道题，具体包括第9题至第12题。

4. 创新导向：指新生代员工追求生活多样性，喜欢新鲜感，讨厌墨守成规的工作，对新事物和新知识有较强的接受能力，具有典型的网络化特征，注重网络信息获取。共4道题，具体包括第13题至第16题。

5. 长期发展：指新生代员工看重行业、组织以及个人的发展前景，不断积累工作经验和社会资本，期望获得良好的晋升机会和职业发展空间。共4道题，具体包括第17题至第20题。

参考文献

[1] Alas R, Wei S. Institutional impact on work-related values in Chinese organizations [J]. Journal of Business Ethics, 2008, 83 (2): 297-306.

[2] Albert S, Whetten D A. Organizational identity [J]. Research in Organizational Behavior, 1985 (7): 263-295.

[3] Alderfer C P. Existence, relatedness, and growth: Human need in organizational settings [M]. New York: The Free Press, 1972.

[4] Algera J A. Objective and perceived task characteristics as a determinant of reactions by task performers [J]. Journal of Occupational Psychology, 1983, 56 (2): 95-107.

[5] Allport G W. Vernon P E, Lindzey G. Allport-vervon-lindzey study of value [M]. Boston, MA: Houghton-Mifflin, 1960.

[6] Andersson L. Employee cynicism: An examination using a contract violation framework [J]. Human Relations, 1996 (49): 1395-1418.

[7] Aquino K, Lewis M U, Bradfield M. Justice constructs, negative affectivity, and employee deviance: A proposed model and empirical test [J]. Journal of Organizational Behavior, 1999 (20): 1073-1091.

[8] Armstrong M, Baron A. Performance management [M]. London: The Cromwell Press, 1998.

[9] Aryee S, Budhwar P S, Chen Z X. Trust as a mediator of the relationship between organizational justice and work outcomes: Test of a social exchange model [J]. Journal of Organizational Behavior, 2002 (23): 267-285.

[10] Bardi A, Schwartz S H. Values and behavior: Strength and structure of relations [J]. Personality and Social Psychology Bulletin, 2003, 29 (10): 1207-1220.

[11] Barrick M R, Mount M K. The big five personality dimensions and job

performance: A meta-analysis [J]. Personnel Psychology, 1991 (44): 1-26.

［12］Bateman T S, Organ D W. Job satisfaction and the good soldier: The relationship between affect and employee citizenship [J]. Academy of Management Journal, 1983, 26 (4): 587-595.

［13］Becker B E, Gerhart E. The impact of human resource management on organizational performance: Progress and prospects [J]. Academy of Management Journal, 1996 (39): 779-780.

［14］Bemadin H J. Performance appraisal design, development and implementation [M]. Handbook of Human Resource Management. Cambrige, MA: Blackwell, 2002.

［15］Blood M R. Work values and job satisfaction [J]. Journal of Applied Psychology, 1969, 53 (6): 456-459.

［16］Bolton R N. To on its 75th anniversary [J]. Journal of Marketing, 2013, 75 (4): 129-131.

［17］Bond M H. Finding universal dimensions of individual variation in multi-cultural studies of values: The rokeach and Chinese value surveys [J]. Journal of Personality and Social Psychology, 1988 (55): 1009-1015.

［18］Borg I. Multiple facetisations of work values [J]. Applied Psychology: An lnternational Review, 1990 (39): 410-412.

［19］Borman W C, White L A, Dorsey D W. Effects of rate task performance and interpersonal faetors on supervisor and peer performance ratings [J]. Journal of Applied Psychology, 1995 (2): 168-177.

［20］Brenner O C, Blazini A P, Greenhaus J H. An examination of race and sex differences in managerial work values [J]. Journal of Vocational Behavior, 1988, 32 (3): 336-344.

［21］Brousseau K R. Toward a danymic model of job-person relationships: Findings, research questions and implications for work system design [J]. The Academy of Management Review, 1983, 8 (1): 33-45.

［22］Brown M. Invariant features from interest point groups [C] British Machine Vision Conference, 2002: 656-665.

[23] Brown D. The role of work and cultural values in occupational choice, satisfaction, and success: A theoretical statement [J] Journal of Counseling and Development, 2002, 80 (1): 48-57.

[24] Brown D, Grace R K. Values in life role choices and outcomes: A conceptual model [J]. Career Development Quarterly, 1996 (44): 211-224.

[25] Cable D M, Judge T A. Pay preferences and job search decisions: A person-organization fit perspective [J]. Personnel Psychology, 1994 (47): 317-348.

[26] Cambell J P, Gasser M B, Oswald F L. The substantive of job performance variability [M]. In K. R. Murthy (Ed.), Individual Difference and Behavior in Organization, 1996.

[27] Campion M A, Medsker G J, Higgs A C. Relations between work group characteristics and effectiveness: Implications for designing effective work groups [J]. Personnel Psychology, 1993 (46): 823-850.

[28] Carmeli A, Gilat G, Waldman D A. The role of perceived organizational performance in organizational identification, adjustment and job performance [J]. Journal of Management Studies, 2007 (44): 972-992.

[29] Cascio W F, Aguinis H. Research in industrial and organizational psychology from 1963 to 2007: Changes, choices and trends [J]. Journal Applied Psychology, 2008, 93 (5): 1062-1081.

[30] Cennamo L, Gardner D. Generational differences in work values, outcomes and person-organization values fit [J]. IEEE Engineering Management Review, 2011, 39 (2): 24-36.

[31] Chan D, Schmitt N. Situational judgment and job performance [J]. Human performance, 2002, 15 (3): 233-254.

[32] Charu S. Developing the next generation of leaders: How to engage millennial in the workplace [J]. Leadership Advance Online, 2011 (1): 1-6.

[33] Chatman J. Improving interactional organizational research: A model of person-organization fit [J]. Academy of Management Review, 1989, 14 (3): 333-349.

[34] Chen P, Partington D. An interpretive comparison of Chinese and Western conceptions of relationships in construction project management work [J].

International Journal of Project Manage, 2004 (22): 397-406.

[35] Cherrington D J, Condie S J, England J. Age and work values [J]. Academy of Management Journal, 1979, 22 (3): 617-623.

[36] Chinese Culture Connection. Chinese values and the search for culture-free dimensions of culture [J]. Journal of Cross-Cultural Psychology, 1987 (18): 143-164.

[37] Choi Y, Chung I H. Attraction - selection and socialization of work values: Evidence from longitudinal survey [J]. Public Personnel Management, 2017, 46 (1): 66-88.

[38] Conlon D E. Some tests of the self-interest and group value models of porcedural justice: Evidence from an organizational appeal procedure [J]. Academy of Management Journal, 1993 (36): 1109-1124.

[39] Cordery J, Sevastos P, Mueller W, Parker S. Correlates of employee attitudes toward functional flexibility [J]. Human Relations, 1993 (6): 705-723.

[40] Crocker L, Algina J. Introduction to classical and modern test theory [M]. New York: Holt, Rinehart and Winston, 1986.

[41] Currivan D B. The causal order of job satisfaction and organizational commitment in models of employee turnover [J]. Human Resource Management Review, 1999, 9 (4): 495-524.

[42] Deci E L, Ryan R M. A motivational approach to self: Integration in personality [J]. Nebraska Symposium on Motivation Nebraska Symposium on Motivation, 1990, 38 (2): 237.

[43] Deci E L, Ryan R M. Intrinsic motivation and self-determination in human behavior [M]. New York: Plenum Press, 1985.

[44] De Vellis R. E. Scale development: Theory and applications [M]. Newbury Park, CA: Sage, 1991.

[45] Dolan S L, Garcia S. Managing by values: A corporate guide to living, being alive, and making a living in the 21st Century [M]. Palgrave Macmillan, 2006.

[46] Donaldson T, Dunfee T W. Toward a unified conception of business eth-

ics: Integrative social contracts theory [J]. Academy of Management Review, 1994 (19): 252-284.

[47] Dose J. Work values: an integrative framework and illustrative application to organizational socialization [J]. Journal of Occupational and Organizational Psychology, 1997 (70): 219-241.

[48] Dyne L V, Lepine J A. Helping and voice extra-role behaviors: Evidence of construct and predictive validity [J]. Academy of Management Journal, 1998, 41 (1): 108-119.

[49] Easterby-Smith M, Malina D, Lu Y. How culture-sensitive is HRM? A comparative analysis of practice in Chinese and UK companies [J]. International Journal of Human Resource management, 1995, 6 (1): 31-59.

[50] Eby L T, Freeman D M, Rush M C, et al. Motivational bases of affective organizational commitment: A partial test of an integrative theoretical model [J]. Journal of Occupational & Organizational Psychology, 1999, 72 (4): 463-483.

[51] Eisenberger R, Rhoades L, Cameron J. Does pay for performance increase or decrease perceived self-determination and intrinsic motivation? [J]. Journal of Personality and Social Psychology, 1999 (77): 1026-1040.

[52] Eisenberger R, Karagonlar G, Stinglhamber F, Neves P, Becker T E, Gonzalez-Morale, Steiger-Mueller M. Leader-member exchange and affective organizational commitment: The contribution of supervisor's organizational embodiment [J]. Journal of Applied Psychology, 2010, 95 (6): 1085-1103.

[53] Elizur D. Facets of work values: A structural analysis of work outcomes [J]. Journal of Applied Psychology, 1984, 69 (3): 379-389.

[54] Elizur D, Sagie A. Facts of personal values: A structural analysis of life and work values [J]. Applied Psychology: An International Reviews 1999, 48 (1): 73-87.

[55] Elizur D, Borg I, Hunt R, Beck I M. The structure of work values: A cross cultural comparison [J]. Journal of Organizational Behavior, 1991, 12 (1): 21-38.

[56] England G W. Personal values systems of American managers [J]. A-

cademy of Management Journal, 1967 (10): 107-117.

[57] Eriksson T, Ortega J. The adoption of job rotation: Testing the theories [J]. Industrial and Labor Relations Review, 2006, 59 (4): 653-666.

[58] Fallows D. How women and men use the internet [M]. Pew Internet & American Life Project, 2005.

[59] Farh J L, Zhong C B, Organ D W. Organizational citizenship behavior in the People's Republic of China [J]. Organization Science, 2004, 15 (2): 241-253.

[60] Feather N T, Rauter K A. Organizational citizenship behaviours in relation to job status, job insecurity, organizational commitment and identification, job satisfaction and work values [J]. Journal of Occupational and Organizational Psychology, 2004 (77): 81-95.

[61] Fishbein M. Work values and job satisfaction [J]. Journal of Applied Psychology, 1998 (53): 456-459.

[62] Fumham A, Zacherl M. Personality and job satisfaction [J]. Personality and Individual Differences, 1986 (7): 453-459.

[63] Furnham A, Batey M, Anand K, Manfield J. Personality, hypomania, intelligence and creativity [J]. Personality and Individual Differences, 2006, 44 (5): 1060-1069.

[64] Gay E G, Weiss D J, Hendel D D, Dawis R V, Lofquist R H. Manual for the Minnesota importance questionnaire [M]. Minnesota Studies in Vocational Rehabilitation, 1971, 28 (54).

[65] George J M, Jones G R. The experience of work and turnover intentions: Interactive effects of value attainment, job satisfaction, and positive mood [J]. Journal of Applied Psychology, 1996, 81 (3): 318-325.

[66] Gerhard et al. Socioanalytic theory and work behavior: Roles of work values and political skill in job performance and promotability sssessment [J]. Journal of Vocational Behavior, 2011 (78): 136-148.

[67] Goldgehn L A. Generation who, what, Y? What you need to know about generation Y [J]. International Journal of Educational Advancement, 2004, 5

(1): 24-34.

[68] Goncalo J A, Staw B M. Individualism-collectivism and group creativity [J]. Organizational Behavior and Human Decision Processes, 2006 (100): 96-109.

[69] Gong Y, Wu J, Song L J, et al. Dual tuning in creative processes: Joint contributions of intrinsic and extrinsic motivational orientations [J]. Journal of Applied Psychology, 2017, 102 (5): 829-844.

[70] Grant A M. Does intrinsic motivation fuel the prosocial fire? Motivational synergy in predicting persistence, performance, and productivity [J]. Journal of Applied Psychology, 2008, 93 (1): 48-58.`

[71] Guo Y, Liao J, Liao S, et al. The mediating role of intrinsic motivation on the relationship between developmental feedback and employee job performance [J]. Social Behavior & Personality An International Journal, 2014, 42 (5): 731-741.

[72] Hackman J R, Oldham G R. Motivation through the design of work: Test of a theory [J]. Organizational Behavior and Human Performance, 1976 (16): 250-279.

[73] Hackman J R, Oldham G R. Work redesign [M]. Reading, MA: Addison-Wesley, 1980.

[74] Hackman J R, Oldham G R. The job diagnostic survey: An instrument for the diagnosis of jobs and the evaluation of job redesign projects [J]. Affective Behavior, 1974 (4): 87.

[75] Hattrup K, Mueller K, Joens I. The effects of nations and organizations on work value importance: A cross-cultural investigation [J]. Applied Psychology, 2007, 56 (3): 479-499.

[76] Hofstede G. Cultures and organizations: Software of the mind [M]. McGraw-Hill: New York, 1991.

[77] Hofstede G. Culture's consequences: International differences in work related values [M]. Sage: London, 1980.

[78] Holland J L. Making vocational choices: A theory of careers (Zndedition) [M]. Englewood Cliffs, N J: Prentice-Hall, 1985.

[79] Hoppock R. Job satisfaction [M]. New York: Happer & Row, 1935.

[80] Houkes I, Janssen P P M, De Jonge J, et al. Personality, work charac-

teristics and employee well-being: A longitudinal analysis of additive and moderating effects [J]. Journal of Occupational Health Psychology, 2003, 8 (1): 20-38.

[81] Hui C, Lam S, law K. Instrumental values of organizational citizenship behavior for promotion: A field quasi-experiment [J]. Journal of Applied Psychology, 2000, 85 (5): 822-828.

[82] Hunt S T. Generic work behavior: An investigation into the dimensions of entry, houtly job performance [J]. Personnel Psychology, 1996 (49): 51-83.

[83] Hurtz G M, Donovan J J. Personality and job performance: The big five revisited [J]. Journal of Applied Psychology, 2000, 85 (6): 869-879.

[84] Ilies R, Liu X Y, Liu Y, et al. Why do employees have better family lives when they are highly engaged at work? [J]. Journal of Applied Psychology, 2017, 102 (6): 956-970.

[85] Ilies R, Johnson M D, Judge T A, Keeney J. A within-individual study of interpersonal conflict as a work stressor: Dispositional and situational moderators [J]. Journal of Organizational Behavior, 2011 (32): 44-64.

[86] Iyengar S S, Devoe S E. Rethinking the value of choice: Considering cultural mediators of intrinsic motivation [J]. Nebraska Symposium on Motivation Nebraska Symposium on Motivation, 2003 (49): 129.

[87] James R, Scotter V. Relationship of task performance and contextual performance with turnover, job satisfaction, and affective commitment [J]. Human Resource Management Review, 2000, 10 (1): 79-95.

[88] Jauhar J, Chan S T, Rahim N F A. The impact of reward and transformational leadership on the intention to quit of generation Y employees in oil and gas industry: Moderating role of job satisfaction [J]. Global Business & Management Research An International Journal, 2017, 9 (4): 426-441.

[89] Judge T A, Erez A, Bono J E, Thoresen C J. The core self-evaluations scale: Development of a measure [J]. Personnel Psychology, 2003 (56): 303-331.

[90] Jurgensen C E. Job preferences: What makes a job good or bad? [J]. Journal of Applied Psychology, 1978 (50): 479-487.

[91] Katz D, Kahn R L. The social psychology of organization [M]. New

York: Wiley, 1978.

[92] Kidron A. Work values and organizational commitment [J]. Academy of Management Journal, 1978 (21): 239-247.

[93] Kilmann R H. Toward a unique/useful concept of values for incerpersonal behavior: A critical review of the literature on value [J]. Psychological Reports, 1981 (48): 939-959.

[94] Knoop R. Achievement of work values and participative decision making [J]. Psychological Reports, 1991 (68): 775-781.

[95] Kulik C T, Lind A E, Ambrose M L, MacCoun R J. Understanding gender differences in distributive and procedural justice [J]. Social Justice Research, 1996 (9): 351-369.

[96] Kwan V S Y, Bond M H, Singelis T M. Pancultural explanations for life satisfaction: Adding relationship harmony to self-esteem [J]. Journal of Psychology and Social Psychology, 1997 (73): 1038-1051.

[97] Lehman W E K, Simpson D D. Employee substance use and on-the-job behaviors [J]. Journal of Applied Psychology, 1992 (77): 309-321.

[98] Levine D I, Tyson L D. Participation, productivity, and the firm's environment [A]. In A. S. Blinder (Ed.), Paying for Productivity [M]. Washington, DC: Brookings Institution, 1990.

[99] Locke E A. The nature and causes of job satisfaction [A]//Handbook of industrial and organizational psychology [M]. New York: Wiley & Sons, 1976: 1297-1349.

[100] Lofquist L H, Dawis R V. Values as second-order needs in the theory of work adjustment [J]. Journal of Vocational Behavior, 1971 (12): 12-19.

[101] London M, Mone E M. The changing nature of performance: Implications for staffing, motivation and development [M]. San Francisco: Jossey-Bass, 1999.

[102] Lord R G, Brown D J. Leadership processes and follower self-identity [J]. Mahwah, NJ: Erlbaum, 2004.

[103] Loughlin D C, Barling J. Young workers' work values, attitudes, and

behaviors [J]. Journal of Occupational & Organizational Psychology, 2001, 74 (4): 543-558.

[104] Lyons S T, Higgins C A, Duxbury L. Work values: Development of a new three dimensional structure based on confirmatory smallest space analysis [J]. Journal of Organizational Behavior, 2010, 31 (7): 969-1002.

[105] Lyons S. An exploration of generational values in life and at work [C]. Dissertation Abstracts International, 3462A (UMI No. AATNQ94206), 2004.

[106] Macnab D, Fitzsimmons G W. A multitrait-multimethod study of work-related needs values and preferences [J]. Journal of Vocational Behavior, 1987 (30): 1-15.

[107] Maignan I, Ferrell O C. Antecedents and benefits of corporate citizenship: An investigation of french business [J]. Journal of Business Research, 2001, 51 (1): 37-51.

[108] Manhardt P J. Job orientation among male and female college graduates in Business [J]. Personnel Psychology, 1972 (25): 361-368.

[109] Martin C A. From high maintenance to high productivity: What managers need to know about generation Y [J]. Industrial and Commercial Training, 2005, 37 (1): 39-44.

[110] Mathieu J E, Farr J L. Further evidence for the discriminant validity of measures of organizational commitment, job involvement, and some recommended solutions [J]. Journal of Applied Psychology, 1991 (76): 127-133.

[111] Mcelroy G, Marsh M. Candidate gender and voter choice: Analysis from a multimember preferential voting system [J]. Political Research Quarterly, 2010, 63 (4): 822-833.

[112] Mcmurray A, Scott D. Work values ethic, GNP per capita and country of birth relationships [J]. Journal of Business Ethics, 2013, 116 (3): 655-666.

[113] Meglino B M, Ravlin E C, Adkins C L. A work values approach to corporate culture: A field test of the value congruence process and its relationship to individual outcomes [J]. Journal of Applied Psychology, 1989, 74 (3): 424-432.

[114] Meister J C, Willyerd K. Mentoring millenials [J]. Harvard Business

Review, 2010, 88 (5): 68-72.

[115] Menges J I, Tussing D V, Wihler A, et al. When job performance is all relative: How family motivation energizes effort and compensates for intrinsic motivation [J]. Academy of Management Journal, 2017, 60 (2): 695-719.

[116] Meyer J P, Irving P G, Allen N J. Examination of the combined effects of work values and early work experiences on organizational commitment [J]. Journal of Organizational Behavior, 1998, 19 (1): 29-52.

[117] Mirels H L, Garrett J B. The protestant ethic as a personality variable [J]. Journal of Consulting and Clinical Psychology, 1971 (36): 40-44.

[118] Monahan J, Robbins P C. Rethinking risk assessment: The MacArthur study of mental disorder and violence [M]. Oxford University Press, USA, 2001.

[119] Motowidlo S J. Job performance [J]. Industrial and Organizational Psychology, 2003: 39-53.

[120] Motowidlo S J, Borman C, Sehmit M J. A theory of individual difference in task and contextual performance [J]. Human Performance, 1997 (10): 71-83.

[121] Mottaz C. Gender differences in work satisfaction, work related rewards and values, and the determinants of work satisfaction [J]. Human Relations, 1986 (39): 359-378.

[122] Mudrack P E, Mason E S, Stepeanski K M. Equity sensitivity and business ethics [J]. Journal of Occupational and Organizational Psychology, 1999, 72 (4): 539-560.

[123] Murphy K R. Dimensions of job performance [A]. In Dillon, R. F. & Pellegrino, J. W. (Eds.). Testing: theoretical and applied perspectives [M]. New York: Prager, 1989.

[124] Murphy K R, Sharella A H. Implications of the multidimensional nature of job performance for the validity of selection tests: Multivariate frameworks for studying test validity [J]. Personnel Psychology, 1997 (50): 823-854.

[125] Nord W R, Brief A R, Atieh J M, Doherty E M. Work values and the conduct of organizational behavior [J]. Research in Organizational Behavior, 1988

(10): 1-42.

[126] O'Reilly C A, Chatman J, Caldwell D F. People and organizational culture: A profile comparison approach to assessing person-organization fit [J]. Academy of Management Journal, 1991 (34): 487-516.

[127] Ohana M. Voice, affective commitment and citizenship behavior in teams: The moderating role of neuroticism and intrinsic motivation [J]. British Journal of Management, 2016, 27 (1): 97-115.

[128] Oliver N. Work rewards, work values and organizational commitment in employee-owned firm: Evidence from the UK [J]. Human Relations, 1990 (43): 513-526.

[129] Organ D W. Areappraisal and interpretation of the satisfaction causes performance hypothesis [J]. Academy of Management Review, 1977, 2 (2): 46-53.

[130] Papavasileiou E F, Lyons S T. A comparative analysis of the work values of Greece's millennial generation [J]. International Journal of Human Resource Management, 2015, 26 (17): 1-21.

[131] Piccolo R F, Colquitt J A. Transformational leadership and job behaviors: The mediating role of job characteristics [J]. Academy of Management Journal, 2006, 49 (2): 327-340.

[132] Podsakoff P M, MacKenzie S B, Lee J Y, Podsakoff N P. Common method biases in behavioral research: A critical review of the literature and recommended remedies [J]. Journal of Applied Psychology, 2003, 88 (5): 879-903.

[133] Porter L W, Lawler E E. Managerial attitudes and performance [M]. Home Wood: Dorsey Press, 1971.

[134] Pryor R G L. In Search of a concept: Work values [J]. Vocational Guidance Quarterly, 1979 (27): 250-256.

[135] Putti J M, Aryee S, Liang T K. Work values and organizational commitment: A study in the asian context [J]. Human Relations, 1989 (42): 275-288.

[136] Ralston D A, Gustafson D J, Elsass P M, Cheung F, Terpstra R H. Eastern values: A comparison of managers in the United States, Hong Kong, and the People's Republic of China [J]. Journal of Applied Psychology, 1992

(77): 664-671.

[137] Ramarajan L, Rothbard N, Wilk S. Discordant vs. harmonious selves: The effects of identity conflict and enhancement on sales performance in employee-customer interactions [J]. Academy of Management Journal, 2016, 60 (6): 2208-2238.

[138] Rau B L, Adams G A. Attracting retirees to apply: Desired organizational characteristics of bridge employment [J]. Journal of Organizational Behavior, 2005, 26 (6): 649-660.

[139] Ravlian E G, Meglino B M. Effect of values on perception and decision making: A study of alternative work values methods [J]. Journal of Applied Psychology, 1987 (72): 666-673.

[140] Revlin E C, Meglino B M, Adkins C L. A work values approach to corporate culture: A field test of the value congruence process and its relationship to individual outcomes [J]. Journal of Applied Psychology, 1989, 74 (3): 424-432.

[141] Robinson S L, Bennett R J. A typology of deviant workplace behaviors: A multidimensional scaling study [J]. Academy of Management Journal, 1995, 38 (2): 555-572.

[142] Rockmann K W, Ballinger G A. Intrinsic motivation and organizational identification among on-demand workers [J]. Journal of Applied Psychology, 2017, 102 (9): 1305-1316.

[143] Rokeach M. The nature of human values [M]. New York: Free Press, 1973.

[144] Ros M, Schwartz S H, Surkiss S. Basic individual values, work values, and the meaning of work [J]. Applied Psychology: An International Review, 1999, 48 (1): 49-71.

[145] Rounds J D. The comparative and combined utility of work value and interest date in career counseling with adults [J]. Journal of Vocational Behavior, 1990 (37): 32-45.

[146] Rousseau D M, Fried Y. Location, location, location: Contextualizing

organizational research [J]. Journal of Organizational Behavior, 2001, 22 (1): 1-13.

[147] Ruvio R. A test of a multi-dimensional model of job insecurity: The case of Israeli teachers [J]. Journal of Organizational Behavior, 1996 (17): 587-605.

[148] Sagie A, Elirur D, Koslowsky M. Work values: A theoretical overview and a model of their effects [J]. Journal of Organizational Behavior, 1996 (17): 503-514.

[149] Salgado J F. The five factor model of personality and job performance in the European community [J]. Journal of Applied Psychology, 1997, 82 (1): 30-43.

[150] Scanders C B. Facilitating knowledge transfer during SOX-mandated audit partner rotation [J]. Business Horizons, 2009, 52 (6): 573-582.

[151] Schmidt F L, Hunter J E, Outerbridge A N. Impact of job experience and ability on job knowledge, work sample performance, and supervisory ratings of job performance [J]. Journal of Applied Psychology, 1986 (71): 432-439.

[152] Schriesheim C A, Hinkin T R. Influence tactics used by subordinators: A theoretical and empirical analysis and refinement of the Kipnis, Schmidt, and Wilkin-Son subscales [J]. Journal of Applied Psychology, 1990 (75): 246-257.

[153] Schwartz S H. Are there universal aspects in the structure and contents of human values? [J]. Journal of Social Issues, 1994 (50): 19-45.

[154] Schwartz S H, Bilsky W. Toward a universal psychological structure of human values [J]. Journal of Personality and Social Psychology, 1987 (53): 550-562.

[155] Scoffer J R, Motowidlo S J. Evidence that task performance should be distinguished from contextual performance [J] Journal Applied Psychology, 1996, 79 (4): 475-480.

[156] Shao P, Resick C J, Hargis M B. Helping and harming others in the workplace: The roles of personal values and abusive supervision [J]. Human Relations, 2011, 64 (8): 1052-1078.

[157] Shapira Z, Griffith T L. Comparing the work values of engineers with managers, production, and clerical workers: A multivariate analysis [J]. Journal of Organizational Behavior, 1990, 11 (4): 281-292.

[158] Shri C. Developing the next generation of leaders: How to engage mil-

lennial in the workplace [J]. Leadership Advance Online, 2011 (1): 1-6.

[159] Smola K W, Sutton C D. Generational differences: Revisiting generational work values for the new millennium [J]. Journal of Organizational Behavior, 2002 (23): 363-382.

[160] Super D E. A life-span, life-space approach to career development [J]. Journal of Vocational Behavior, 1990, 16 (3): 282-298.

[161] Super D E. Work values inventory [M]. Boston, MA: Houghron-Mifflin, 1970.

[162] Swann W B Jr, Rentfrow P J, Guinn J. Self-verification: The search for coherence [A]. In: Leary, M & Tagney, J. (Ed). Handbook of self and identity [M]. Guilford, New York, 2002.

[163] Swann W B. Jr, Stein-Seroussi A, Giesler B. Why people self-verify [J]. Journal of Personality and Social Psychology, 1992 (62): 392-306.

[164] Tapscott D. Growing up digital: The rise of the net generation [M]. New York: McGraw-Hill, 1998.

[165] Taylor R N, Thompson M. Work value systems of young worker [J]. The Academy of Management Journal, 1976, 19 (4): 522-536.

[166] Terjesen S, Vinnicombe S, Freeman C. Attracting generation Y graduates: Organizational attributes, likelihood to apply and sex differences [J]. Career Development International, 2007, 12 (6): 504-522.

[167] Thomas K W, Velthouse B A. Cognitive elements of em-powerment: An "Interpretive" model of intrinsic task motivation [J]. Academy of Management Review, 1990, 15 (4): 666-681.

[168] Tierney P, Famer S M, Graen G B. The examination of leadership and employee creativity: The relevance of traits and relationship [J]. Personnel Psychology, 1999, 52 (3): 591-620.

[169] Tovée M J, Swami V, Furnham A, Mangalparsad R. Changing perceptions of attractiveness as observers are exposed to a different culture [J]. Evolution and Human Behavior, 2006, 27 (6): 443-456.

[170] Twenge J M. A review of the empirical evidence on generational differ-

ences in work attitudes [J]. Journal of Business & Psychology, 2010, 25 (2): 201-210.

[171] Twenge J M, Campbell S M, Hoffman B J, Lance C E. Generational differences in work values: Leisure and extrinsic values increasing, social and intrinsic values decreasing [J]. Journal of Management, 2010 (3): 1-27.

[172] Van Dyne L, LePine J A. Helping and voice extra-role behaviors: Evidence of construct and predictive validity [J]. Academy of Management Journal, 1998, 41 (1): 108-119.

[173] Van Dyne L, Cummings L L, Parks J M. Extra-role behaviors: In pursuit of construct and definitional clarity [J]. Research in Organizational Behavior, 1995 (17): 215-285.

[174] Van Scotter J R, Motowidlo S J. Interpersonal facilitation and job dedication as separate facets of contextual performance [J]. Journal of Applied Psychology, 1996 (81): 525-531.

[175] Van Scotter J R, Motowidlo S J, Cross T C. Effects of task performance and contextual performance on systemic rewards [J]. Journal of Applied Psychology, 2000 (85): 526-535.

[176] Vansteenkiste M et al. On the relations among work values orientations, psychological need satisfaction and job outcomes: A self-determination theory approach [J]. Journal of Occupational and Organizational Psychology, 2007 (80): 251-277.

[177] Venkataramani V, Dalal R S. Who helps and harms whom? relational antecedents of interpersonal helping and harming in organizations [J]. Journal of Applied Psychology, 2007, 92 (4): 952-966.

[178] Voronov M, Singer J. The myth of individualism-collectivism: A critical review [J]. The Journal of Social Psychology, 2002, 142 (4): 461-480.

[179] Wang X H, Kim T Y, Lee D R. Cognitive diversity and team creativity: Effects of team intrinsic motivation and transformational leadership [J]. Journal of Business Research, 2016, 69 (9): 3231-3239.

[180] Wang Y P, Chen M H., Hyde B, Hsieh L. Chinese employees' work

values and turnover intentions in multinational companies: The mediating effect of pay satisfaction [J]. Social Behavior and Personality, 2010, 38 (7): 871-894.

[181] Wassenaar B. How do high-involvement work processes influence employee outcomes? An examination of the mediating roles of skill utilization and intrinsic motivation [J]. International Journal of Human Resource Management, 2015, 26 (13): 1737-1752.

[182] Weiss M J. To be about to be [J]. American Demographics, 2003, 25 (7): 29-36.

[183] Welbourne T M, Johnson D E, Erez A. The role-based performance scale: Validity analysis of a theory-based measure [J]. Academy of Management Journal, 1998, 41 (5): 540-555.

[184] Werner J M. Implications of OCB and contextual performance for human resource management [J]. Human Resource Management Review, 2000, 10 (1): 3-24.

[185] Westerman J W, Yamamura J H. Generational preferences for work environment fit: Effects on employee outcomes [J]. Career Development International, 2007, 12 (2): 150-161.

[186] White C. The relationship between cultural values and individual work values in the hospitality industry [J]. International Journal of Tourism Research, 2005 (7): 221-229.

[187] Williams L J, Anderson S E. Job satisfaction and organizational commitment as predictors of organizational citizenship and in-role behavior [J]. Journal of Management, 1991 (17): 601-617.

[188] Wollack S, Goodale J G, Witjing J P, Smith P C. Development of the survey of work values [J]. Journal of Applied Psychology, 1971 (55): 331-338.

[189] Wood D A. The relation between work values and the perception of the work setting [J]. the Journal of Social Psychology, 1981 (115): 189-193.

[190] Zhang X, Bartol K M. Linking empowering leadership and employee creativity: The influence of psychological empowerment, intrinsic motivation, and creative process engagement [J]. Academy of Management Journal, 2010, 53 (1): 107-128.

[191] Zytowski D G. A super contribution to vocational theory: Work values [J]. Career Development Quarterly, 1994, 43 (1): 7-25.

[192] Zytowski D G. The concept of work values [J]. Vocational Guidance Quarterly, 1970 (18): 176-186.

[193] 曹元坤, 徐红丹. 调节焦点理论在组织管理中的应用述评 [J]. 管理学报, 2017, 14 (8): 1254-1262.

[194] 陈诚, 文鹏. 新生代员工学习意愿与企业导师知识共享行为 [J]. 经济管理, 2011 (10): 87-93.

[195] 陈春花, 宋一晓. 组织支持资源对员工幸福感的影响机制: 双案例比较研究 [J]. 管理学报, 2014, 11 (11): 1639-1645.

[196] 陈东健, 陈敏华. 工作价值观、组织支持感对外企核心员工离职倾向的影响——以苏州地区为例 [J]. 经济管理, 2009 (11): 96-105.

[197] 陈红雷, 周帆. 工作价值观结构研究的进展和趋势 [J]. 心理科学进展, 2003, 11 (6): 700-703.

[198] 陈坚, 连榕. 员工工作价值观对幸福感及心理健康的影响——代际比较研究 [J]. 中国临床心理学杂志, 2014, 22 (4): 658-662.

[199] 陈晓萍, 徐淑英, 樊景立. 组织与管理研究的实证方法 [M]. 北京: 北京大学出版社, 2008.

[200] 成瑾, 白海青. 从文化视角观察高管团队行为整合 [J]. 南开管理评论, 2013, 16 (1): 149-160.

[201] 程垦, 林英晖. 组织支持一致性与新生代员工离职意愿: 员工幸福感的中介作用 [J]. 心理学报, 2017, 49 (12): 1570-1580.

[202] 邓传军, 刘智强, 王凤娟. 非正式地位、错误管理文化与员工创新行为选择 [J]. 管理评论, 2017, 29 (4): 154-162+195.

[203] 丁雪, 张骁, 杨忠. "一心多用" 研究: 理论梳理及未来展望 [J]. 经济管理, 2017, 39 (5): 177-192.

[204] 董临萍, 李晓蓓, 关涛. 跨文化情境下员工感知的多元化管理、文化智力与工作绩效研究 [J]. 管理学报, 2018, 15 (1): 30-38.

[205] 杜建政, 张翔, 赵燕. 核心自我评价: 人格倾向研究的新取向 [J]. 心理科学进展, 2007, 15 (1): 116-121.

[206] 杜鹏程，李敏，王成城．差错反感文化对员工双元绩效的影响机制研究［J］．经济管理，2017，39（5）：101-114.

[207] 段锦云，施嘉逸，凌斌．高承诺组织与员工建言：双过程模型检验［J］．心理学报，2017，49（4）：539-553.

[208] 段锦云，王娟娟，朱月龙．组织氛围研究：概念测量、理论基础及评价展望［J］．心理科学进展，2014，22（12）：1964-1974.

[209] 樊耘，张克勤，阎亮，马贵梅．基于员工集体主义倾向调节作用的组织文化友好性和一致性对员工沉默的影响研究［J］．管理学报，2014，11（7）：981-988.

[210] 方雯，王林雪，冯耕中等．内在动机、管理者情绪智力与员工创造力关系研究——基于3类所有制企业R&D背景的实证［J］．科技进步与对策，2014，31（7）：142-148.

[211] 冯竹青，葛岩．物质奖励对内在动机的侵蚀效应［J］．心理科学进展，2014，22（4）：685-692.

[212] 高中华，赵晨．工作场所的组织政治会危害员工绩效吗？基于个人—组织契合理论的视角［J］．心理学报，2014，46（8）：1124-1143.

[213] 贡柏芳．我国企业80后员工的工作价值观与工作满意度相关性的实证研究［D］．苏州大学，2010.

[214] 郭一蓉，李晓立，宋继文．道德领导对员工创造力的作用机制研究：内在动机与社会交换的中介作用［J］．中国人力资源开发，2016（3）：19-27.

[215] 韩翼，廖建桥．组织成员绩效结构理论研究评述［J］．管理科学学报，2006，9（2）：86-94.

[216] 何轩，张信勇．家族企业文化调节作用下的家族成员影响活动与企业绩效［J］．管理评论，2015，27（3）：113-121.

[217] 侯烜方，李太．新生代员工工作价值观内涵与情境化特征［J］．商业经济研究，2016（11）：214-217.

[218] 侯烜方，李燕萍，涂乙冬．新生代工作价值观结构、测量及对绩效影响［J］．心理学报，2014，46（6）：823-840.

[219] 侯烜方，卢福财．新生代工作价值观、内在动机对工作绩效影响——组织文化的调节效应［J］．管理评论，2018，30（4）：157-168.

[220] 侯烜方, 邵小云. 新生代员工情绪智力结构及其对工作行为的影响机制——基于网络评论的扎根分析 [J]. 科技进步与对策, 2017, 34 (10): 111-117.

[221] 胡海军, 翁清雄, 曹威麟. 基于元分析的魅力型领导与组织绩效的关系研究 [J]. 管理学报, 2015, 12 (2): 223-230.

[222] 胡翔, 李燕萍, 李泓锦. 新生代员工: 心态积极还是忿忿难平?——基于工作价值观的满意感产生机制研究 [J]. 经济管理, 2014 (7): 69-79.

[223] 胡杨成, 邓丽明. 以制造业企业为视角的组织文化与企业社会责任间的关系研究 [J]. 管理学报, 2013, 10 (11): 1596-1603.

[224] 胡月晓. 员工满意感与工作绩效关系研究 [J]. 当代经济管理, 2006, 28 (6): 57-60.

[225] 黄丽, 陈维政. 两种人际取向对下属工作绩效的影响——以领导—成员交换质量为中介变量 [J]. 管理评论, 2015, 27 (5): 178-187.

[226] 江静, 杨百寅. 领导—成员交换、内部动机与员工创造力——工作多样性的调节作用 [J]. 科学学与科学技术管理, 2014, 35 (1): 165-172.

[227] 金盛华, 李雪. 大学生职业价值观: 手段与目的 [J]. 心理学报, 2005, 37 (5): 650-657.

[228] 兰玉杰, 张晨露. 新生代员工工作满意度与离职倾向关系研究 [J]. 经济管理, 2013, 35 (9): 81-88.

[229] 李超平, 时勘. 变革型领导的结构与测量 [J]. 心理学报, 2005, 37 (6): 803-811.

[230] 李金波, 许百华, 张延燕. 组织承诺对员工行为和工作绩效的影响研究 [J]. 人类工效学, 2006, 12 (3): 17-19.

[231] 李伟, 梅继霞. 内在动机与员工绩效: 基于工作投入的中介效应 [J]. 管理评论, 2013, 25 (8): 160-167.

[232] 李伟. 内在动机对关系绩效的影响机制及强化条件 [J]. 科研管理, 2014, 35 (5): 77-83.

[233] 李燕萍, 侯烜方. 新生代员工工作价值观结构及其对工作行为的影响机理 [J]. 经济管理, 2012, 34 (5): 77-86.

[234] 李燕萍，刘宗华，郑馨怡．组织认同对建言的影响：基于组织的自尊和工作价值观的作用［J］．商业经济与管理，2016（3）：46-55.

[235] 李燕萍，涂乙冬．组织公民行为的价值取向研究［J］．管理世界，2012（5）：1-7.

[236] 李燕萍，刘宗华，林叶．员工知识分享的动力何在？——创新文化的跨层次作用机制［J］．经济管理，2016，38（5）：75-86.

[237] 李燕萍，夏天．新生代员工自我差异及其工作态度和行为的关系模型构建［J］．华东经济管理，2014，28（11）：128-131+171.

[238] 李燕萍，徐嘉．新生代员工：心理和行为特征对组织社会化的影响［J］．经济管理，2013，35（4）：61-70.

[239] 李晔，张文慧，龙立荣．自我牺牲型领导对下属工作绩效的影响机制——战略定向与领导认同的中介作用［J］．心理学报，2015，47（5）：653-662.

[240] 李燚，黄蓉．研发人员心理授权与创新绩效：内在工作动机与控制点的作用研究［J］．华东经济管理，2014，28（2）：116-120.

[241] 李永周，易倩，阳静宁．积极沟通氛围、组织认同对新生代员工关系绩效的影响研究［J］．中国人力资源开发，2016（23）：23-31.

[242] 李育辉，王桢，黄灿炜，万罗蒙．辱虐管理对员工心理痛苦和工作绩效的影响：一个被调节的中介模型［J］．管理评论，2016，28（2）：127-137.

[243] 理峰．高绩效人力资源实践对员工工作绩效的影响［J］．管理学报，2013，10（7）：993-999+1033.

[244] 梁建，樊景立．理论构念的测量［A］．//陈晓萍，徐淑英，樊景立．组织与管理研究的实证方法［M］．北京：北京大学出版社，2008：229-254.

[245] 梁巧转，孟瑶，刘炬，袁博．创业团队成员人格特质和工作价值观与创业绩效——基于创业导向的中介作用［J］．科学学与科学技术管理，2012，33（7）：171-180.

[246] 林钰莹，许灏颖，王震．公仆型领导对下属创造力的影响：工作动机和领导—下属交换的作用［J］．中国人力资源开发，2015（11）：50-57.

[247] 凌文辁，方俐洛，白利刚．我国大学生的职业价值观研究［J］．心理学报，1999，31（3）：342-348.

[248] 刘超，刘军，朱丽，武守强．规则适应视角下辱虐管理的成因机

制［J］．心理学报，2017，49（7）：966-979．

［249］刘海洋，刘圣明，王辉，徐敏亚．领导与下属权力距离一致性对下属工作绩效的影响及其机制［J］．南开管理评论，2016，19（5）：55-65．

［250］刘文彬，唐杰．绩效反馈对新生代员工反生产行为的影响机制——反馈效价视角的理论模型与案例研究［J］．经济管理，2015（6）：188-199．

［251］栾贞增，杨东涛，詹小慧．代际差异视角下工作价值观对员工创新绩效的影响研究［J］．管理学报，2017，14（3）：355-363．

［252］栾贞增，杨东涛，詹小慧．代际视角下工作价值观对建言行为的影响研究［J］．软科学，2017，31（7）：71-75．

［253］吕鸿江，韩承轩，王道金．领导者情绪智力对领导力效能影响的元分析［J］．心理科学进展，2018，26（2）：204-220．

［254］马剑虹，倪陈明．企业职工的工作价值观特征分析［J］．应用心理学，1998（1）：10-14．

［255］马君，王迪．内外激励协同影响创造力：一个被中介调节模型［J］．管理科学，2015，28（3）：38-51．

［256］梅哲群，杨百寅，金山．领导—成员交换对组织主人翁行为及工作绩效的影响机制研究［J］．管理学报，2014，11（5）：675-682．

［257］宁维卫．中国城市青年职业价值观研究［J］．成都大学学报（社会科学版），1996（4）：10-20．

［258］潘静洲，娄雅婷，周文霞．龙生龙，凤生凤？领导创新性工作表现对下属创造力的影响［J］．心理学报，2013，45（10）：1147-1162．

［259］彭坚，王霄．与上司"心有灵犀"会让你的工作更出色吗？——追随原型一致性、工作投入与工作绩效［J］．心理学报，2016，48（9）：1151-1162．

［260］彭伟，李慧，朱晴雯，张思园．包容型领导对新生代员工主人翁行为的影响——主管忠诚和传统性的作用［J］．软科学，2017，31（11）：79-82．

［261］瞿皎姣，曹霞，崔勋．基于资源保存理论的组织政治知觉对国有企业员工工作绩效的影响机理研究［J］．管理学报，2014，11（6）：852-860．

［262］曲庆，富萍萍，康飞，赵锴．文化领导力：内涵界定及有效性初探［J］．南开管理评论，2018，21（1）：191-202．

［263］任华亮，杨东涛，李群．工作价值观和工作投入的关系——基于

工作监督的调节效应 [J]. 经济管理, 2014 (6): 75-85.

[264] 任华亮, 杨东涛, 彭征安. 创新氛围和工作自主性的调节作用下能力与成长工作价值观对创新行为的影响研究 [J]. 管理学报, 2015, 12 (10): 1450-1456.

[265] 宋继文, 郭一蓉, 徐大海, 罗文豪, 王悦. 追随力视角下积极挑战行为的概念与作用机制研究 [J]. 管理学报, 2017, 14 (10): 1445-1455.

[266] 苏涛, 陈春花, 宋一晓, 王甜. 基于Meta检验和评估的员工幸福感前因与结果研究 [J]. 管理学报, 2018, 15 (4): 512-522.

[267] 孙健敏, 焦长泉. 对管理者工作绩效结构的探索性研究 [J]. 人类工效学, 2002 (9): 1-10.

[268] 孙利平, 龙立荣, 李梓一. 被信任感对员工绩效的影响及其作用机制研究述评 [J]. 管理学报, 2018, 15 (1): 144-150.

[269] 孙秀明, 孙遇春. 工作疏离感对员工工作绩效的影响——以中国人传统性为调节变量 [J]. 管理评论, 2015, 27 (10): 128-137.

[270] 谭乐, 宋合义, 杨晓. 基于认知视角探讨环境不确定性对领导有效性的影响机制 [J]. 心理科学进展, 2016, 24 (9): 1339-1352.

[271] 田广, 汪一帆. 组织文化变迁与干预策略的工商人类学思考 [J]. 管理学报, 2014, 11 (4): 525-532.

[272] 涂乙冬, 李燕萍. 领导—部属交换、双重认同与员工行为探析 [J]. 武汉大学学报 (社会哲学版), 2012, 66 (6): 128-132.

[273] 汪新艳, 廖建桥. 组织公平感对员工绩效的影响 [J]. 工业工程与管理, 2009, 14 (2): 97-102.

[274] 王成城, 刘洪, 刘善堂. 同一性理论视角下的组织有效性研究综述 [J]. 外国经济与管理, 2009, 31 (2): 15-24.

[275] 王春国, 陈刚. 体面劳动、创新自我效能与员工创造力：中国情境下组织文化的调节作用 [J]. 管理评论, 2018, 30 (3): 140-149.

[276] 王冬冬, 钱智超. 领导成员交换差异与新生代员工敬业度的关系研究 [J]. 科学学与科学技术管理, 2017, 38 (4): 172-180.

[277] 王辉, 常阳. 组织创新氛围、工作动机对员工创新行为的影响 [J]. 管理科学, 2017, 30 (3): 51-62.

[278] 王辉，李晓轩，罗胜强．任务绩效与情境绩效二因素绩效模型的验证［J］．中国管理科学，2003，11（4）：79-84．

[279] 王泉，马洪波，姚翔．当代北京大学生工作价值观结构研究［J］．心理与行为研究，2003（1）：23-28．

[280] 王震．社会学习还是社会交换？——道德型领导对下属工作绩效的作用机制［J］．经济管理，2014，36（8）：89-97．

[281] 魏亚欣，杨斌．人力资源管理对战略"之字形"演进的促进机制研究［J］．管理学报，2015，12（6）：839-846．

[282] 吴杲，杨东涛．基于2012年财富中国五百强企业的信仰价值观分析［J］．管理学报，2014，11（8）：1095-1100+1245．

[283] 席猛，许勤，仲为国，赵曙明．辱虐管理对下属沉默行为的影响——一个跨层次多特征的调节模型［J］．南开管理评论，2015，18（3）：132-140+150．

[284] 谢俊，汪林，储小平．中国情境下领导—部属交换对员工创造力的影响机制研究［J］．管理工程学报，2014，28（2）：1-7．

[285] 谢玉华，张群艳．新生代员工参与对员工满意度的影响研究［J］．管理学报，2013，10（8）：1162-1169．

[286] 许彦妮，顾琴轩，蒋琬．德行领导对员工创造力和工作绩效的影响：基于LMX理论的实证研究［J］．管理评论，2014，26（2）：139-147．

[287] 阎亮．基于社会交换理论的新生代员工工作承诺影响机制研究［J］．软科学，2016，30（7）：90-93+98．

[288] 颜爱民，胡仁泽，徐婷．新生代员工感知的高绩效工作系统与工作幸福感关系研究［J］．管理学报，2016，13（4）：542-550．

[289] 颜爱民，裴聪．辱虐管理对工作绩效的影响及自我效能感的中介作用［J］．管理学报，2013，10（2）：213-218．

[290] 姚若松，陈怀锦，苗群鹰．公交行业一线员工人格特质对工作绩效影响的实证分析——以工作态度作为调节变量［J］．心理学报，2013，45（10）：1163-1178．

[291] 叶仁荪，倪昌红，黄顺春．职场排斥、职场边缘化对员工离职意愿的影响：员工绩效的调节作用［J］．管理评论，2015，27（8）：127-140．

［292］尹波，许茂增，林锋，赵军．组织文化定量分析方法研究述评和展望［J］．管理学报，2013，10（3）：463-467．

［293］尤佳，孙遇春，雷辉．中国新生代员工工作价值观代际差异实证研究［J］．软科学，2013，27（6）：83-88．

［294］于海波，郑晓明．生涯适应力的作用：个体与组织层的跨层面分析［J］．心理学报，2013，45（6）：680-693．

［295］于维娜，樊耘，张婕，门一．宽恕视角下辱虐管理对工作绩效的影响——下属传统性和上下级关系的作用［J］．南开管理评论，2015，18（6）：16-25．

［296］余华，黄希庭．大学生与内地企业员工职业价值观的比较研究［J］．心理科学，2000（1）：739-740．

［297］詹小慧，杨东涛，栾贞增．基于组织支持感调节效应的工作价值观对员工建言影响研究［J］．管理学报，2016，13（9）：1330-1338．

［298］展珊珊．新生代员工的主观幸福感、组织认同及工作绩效关系研究［D］．华中师范大学，2011．

［299］张辉华，黄婷婷．情绪智力对绩效的作用机制——以团队信任感知和朋友网络中心为连续中介［J］．南开管理评论，2015，18（3）：141-150．

［300］张辉华，李爱梅，凌文辁，徐波．管理者情绪智力与绩效的关系：直接和中介效应研究［J］．南开管理评论，2009，12（3）：104-116．

［301］张军伟，龙立荣，王桃林．高绩效工作系统对员工工作绩效的影响：自我概念的视角［J］．管理评论，2017，29（3）：136-146．

［302］张军伟，龙立荣．不同层次高绩效工作系统的差距效应：一个被调节的中介模型［J］．南开管理评论，2017，20（2）：180-190．

［303］张军伟，龙立荣．高绩效工作系统一定能提高绩效吗？——一个跨层次多特征的调节模型［J］．经济管理，2016，38（10）：87-99．

［304］张军伟，龙立荣．领导宽恕与员工工作绩效的曲线关系：员工尽责性与程序公平的调节作用［J］．管理评论，2016，28（4）：134-144．

［305］张琳琳，David M DeJoy，李楠．新生代员工核心自我评价与工作投入的关系：有调节的中介模型［J］．软科学，2013，27（4）：111-115．

［306］张伶，连智华．基于组织公正调节中介模型的新生代员工自我效

能和创新绩效研究［J］. 管理学报，2017，14（8）：1162-1171.

［307］张玮，刘延平. 组织文化对组织承诺的影响研究——职业成长的中介作用检验［J］. 管理评论，2015，27（8）：117-126.

［308］张旭，樊耘，黄敏萍等. 基于自我决定理论的组织承诺形成机制模型构建：以自主需求成为主导需求为背景［J］. 南开管理评论，2013，16（6）：59-69.

［309］张一驰，梁钧平，刘鹏，邓建修. 个体价值观在员工离职倾向决定中的调节效应研究［J］. 中国地质大学学报（社会科学版），2005（3）：9-15.

［310］张勇，龙立荣，贺伟. 绩效薪酬对员工突破性创造力和渐进性创造力的影响［J］. 心理学报，2014，46（12）：1880-1896.

［311］张韫，何斌，李泽莹. 新生代员工组织政治知觉对离职倾向作用机制的研究——以心理契约破裂为中介［J］. 中国人力资源开发，2016（23）：32-39.

［312］赵晨，高中华. 组织社会化交互视角下新员工政治自我效能的动态演化及作用机制［J］. 心理科学进展，2017，25（9）：1456-1468.

［313］赵宏超，于砚文，王玉珏，吴春波. 共享型领导如何影响新生代员工建言？——积极互惠与责任知觉的作用［J］. 中国人力资源开发，2018，35（3）：29-40.

［314］赵慧娟. 个人—组织匹配对新生代员工敬业度的作用机理——基于职业延迟满足的视角［J］. 经济管理，2013，35（12）：65-77.

［315］赵书松，谭蓓菁. 组织性格研究述评与展望［J］. 管理学报，2017，14（1）：149-158.

［316］赵修文，刘显红，姜雅玫. 基于扎根理论的团队工作价值观结构分析及其对团队绩效的影响机制研究［J］. 中国人力资源开发，2018（1）：162-172.

［317］赵宜萱，徐云飞. 新生代员工与非新生代员工的幸福感差异研究——基于工作特征与员工幸福感模型的比较［J］. 管理世界，2016（6）：178-179.

［318］仲理峰，王震，李梅，李超平. 变革型领导、心理资本对员工工作绩效的影响研究［J］. 管理学报，2013，10（4）：536-544.

［319］朱瑜，李云健，马智妍，王小霏. 员工组织规避劳动合同法认知、工作不安全感与组织报复行为的关系：基于华南地区新生代员工的实证研究［J］. 管理评论，2014，26（3）：113-127.

后　记

本书是国家自然科学基金项目（71562021）的阶段性科研成果，我的工作单位是江西师范大学商学院。

随着我国劳动力结构发生深刻变化，新生代员工管理问题成为组织行为与人力资源管理领域的研究热点。如何应对新政策、新技术、新关系对新生代员工管理带来的挑战和机遇，是我们科研工作者必须去探索和突破的研究方向，更是我们学术从业者推动新时代人力资源管理实践发展的重要命题。

自 2011 年博士研究生入学以来，我便开始专注于新生代员工管理的相关研究，这主要基于两个原因：一是当时的博士生导师——武汉大学经济与管理学院李燕萍教授，刚刚获批新生代员工研究方向的国家自然科学基金项目，我非常荣幸作为主要参与人，开始了对该领域的研究，并打下了一定的科研基础；二是我于 2014 年入职江西师范大学商学院，主持申报相关主题的国家自然科学基金项目也获得立项，并于同年进入江西财经大学开展博士后科研工作，由此延续和创新了新生代员工相关研究。

因此，我非常感恩我的博士生导师李燕萍教授和博士后合作导师卢福财教授，他们不仅是我的科研引路人，更是我的人生导师。同时，我也非常庆幸能够与如此优秀的同门成为合作伙伴，尤其是师兄涂乙冬、师妹陆欣欣两位青年学者，他们的学术态度、科研精神令我心生敬佩，感谢他们在我的科研探索道路上给予的大力支持和帮助。此外，还要感谢江西师范大学商学院为我提供的教学科研平台、国家自然科学基金委员会对本书出版的资助，以及经济管理出版社为本书完善给予的专业指导。

虽然我在编写的过程中力求不出纰漏，但不足之处在所难免。如果读者发现任何问题，或对本书有任何建议与意见，欢迎随时与我联系，谢谢支持！